Kai Kappel

Religiöse Erinnerungsorte in der KZ-GEDENKSTÄTTE DACHAU

Mit einem Beitrag von Björn Mensing
und Ludwig Schmidinger

Deutscher Kunstverlag Berlin München

DKV edition

GELEITWORT

Nach dem Ende der nationalsozialistischen Gewaltherrschaft haben die Kirchen zögernd begonnen, die Geschehnisse dieser zwölf Jahre in den Blick zu nehmen und die Leiden der Opfer zu würdigen. Doch auch auf die Fragen, wie das alles geschehen konnte und wie solche Verbrechen gegen die Menschlichkeit künftig zu verhindern seien, werden seither Antworten gesucht.

Eine der Antworten war, dass auf dem Gelände des ehemaligen Konzentrationslagers Dachau religiöse Erinnerungsorte errichtet wurden. Die Namen, die diesen gebauten Mahnmalen gegeben wurden, zeigen einen Weg mit mehreren Stationen, der der Erinnerung an die Passion und der Hoffnung auf die Auferstehung nachgeht. So erinnert die »Todesangst-Christi-Kapelle« (1960) mit ihrer Öffnung auf die Lagerstraße hin an all die Leidensgeschichten, die zahllose Menschen hier erdulden mussten. Nicht wenigen ist das Bewusstsein zum Trost geworden, dass ihr Gott einer ist, der Angst, Not und Tod selbst erlitten hat, weil sie glaubten und hofften, dass es eine Errettung und Befreiung daraus gibt – gerade durch das Leid hindurch: dass den Hingemordeten ihre je eigene Würde nicht verloren geht, auch wenn sie dem äußeren Schein nach durch Hohn und Spott zunichte gemacht wurde. Noch einmal verstärkt kommt das mit der Widmung des Karmelitinnenklosters Heilig Blut (1964) zum Ausdruck: Es ging und geht nicht nur um Angst und Not, sondern um Leben und Tod. In seinem Sohn steht Gott selbst an der Seite des gedemütigten und hingeschlachteten Menschen. Sein Tod ist die endgültige Absage an die Herrschaft von Gewalt und Gegengewalt, die definitive Entscheidung für den Weg der Hingabe aus Liebe. Auch daran erinnern die Schwestern seit dieser Zeit mit ihrer Präsenz und ihrem Gebet, zu dem alle eingeladen sind.

Mit der Errichtung der Jüdischen Gedenkstätte und der Versöhnungskirche (1967) werden zwei weitere Pole ins Bewusstsein gehoben, die bis heute für Erinnern und Gedenken wesentlich sind: Das Psalmwort »Stelle, oh Ewiger, ihnen eine Warnung hin! Erfahren sollen die Völker, dass sie Sterbliche sind.« (Ps 9,21) steht über dem

Eingang des jüdischen Mahnmals – auch den Christen zur Mahnung, den eigenen unseligen Anteil an der Entstehung des bis auf neutestamentliche Zeiten zurückgehenden Antijudaismus nicht zu leugnen oder zu verdrängen, sondern mit der biblisch-universalen Verheißung der Erlösung zu überwinden.

Dass Erlösung auch konkret erlebbar und erfahrbar werden kann, haben KZ-Überlebende aus dem Ausland, besonders aus Holland, dadurch deutlich gemacht, dass sie sich die »Versöhnungskirche« gerade mit diesem Namen gewünscht und über die Konferenz Europäischer Kirchen ihre Glaubensgeschwister in Deutschland einbezogen haben.

Gerade durch das Ernstnehmen des erlittenen Unrechts, durch Begegnungen von Mensch zu Mensch, kann die Hoffnung auf Zukunft eröffnet werden, sodass schließlich immer wieder der Blick sich weitet und möglich wird, was in der Kapelle »Auferstehung unseres Herrn« (1995) zum Ausdruck kommt: Ihre Hauptikone zeigt den Auferstandenen, der die Insassen des Lagers aus ihren Baracken durch das von Engeln geöffnete Tor herausführt. Das ist die Grundverheißung des Glaubens: dass die Mächte des Todes eben nicht das letzte Wort haben, sondern der, der Herr des Lebens ist.

Wir danken Herrn Privatdozenten Dr. Kai Kappel, dass er mit seiner gelungenen Darstellung der religiösen Erinnerungsorte in der KZ-Gedenkstätte Dachau hilft, das Grundanliegen des religiösen Erinnerns zu verdeutlichen und weiterzutragen. Er unterstützt damit eine Aufgabe, die für unsere Kirchen nicht nur eine Verpflichtung und Herausforderung ist, sondern auch ein Vermächtnis und eine Chance, das Zusammenwirken in der Ökumene und im christlich-jüdischen Dialog weiterzuentwickeln.

Dr. Johannes Friedrich
Landesbischof der Evangelisch-Lutherischen Kirche in Bayern, Mitglied des Rates der Evangelischen Kirche in Deutschland

Dr. Reinhard Marx
Erzbischof von München und Freising, Vorsitzender der Bayerischen Bischofskonferenz

Longin von Klin
Erzbischof, Ständige Vertretung der Russischen Orthodoxen Kirche in Deutschland

GELEITWORT

Die Publikation von Dr. Kai Kappel, »Religiöse Erinnerungsorte in der KZ-Gedenkstätte Dachau«, ist für die Opfer des Naziterrors, jedoch vor allem für jüdische Menschen mit großen Emotionen verbunden. An diesem Ort, wo der Landesverband der Israelitischen Kultusgemeinden in Bayern jährlich seiner Brüdern und Schwestern gedenkt, die an diesem »Schulort« des Mordens, aber auch an den vielen anderen Orten in Europa ihres Lebens beraubt wurden.

Das »Jiskor«-Erinnern und das »Sachor«-Gedenken haben im Judentum eine lange Tradition. Davon zeugen nicht nur Gebete während des G'ttesdienstes, sondern auch die vielen geschlossenen und verwaisten jüdischen Friedhöfe. Diese sind für die Ewigkeit angelegt und sollen markiert sein. Dies geschieht durch den Grabstein. Hier **erinnert** man an den Verstorbenen.

Anders als der Toten **gedenkt** man der Erschlagenen. Im 5. Buch Mose 25,17–19, ist zu lesen: »Denke an das, was dir Amalek unterwegs getan, als ihr aus Ägypten zoget, wie er dir unterwegs entgegentrat und die Ermatteten in deiner Nachhut von dir abschnitt, du aber warst matt und müde; und er fürchtete sich nicht vor G'tt. Wenn nun der Ewige, dein G'tt, dir zum Erbe und zum Besitz gibt, dann sollst Du das Andenken Amaleks auslöschen, so weit der Himmel reicht; vergiss es nicht!«

Der hochgeschätzte Rabbiner David Spiro, sein Andenken möge zum Segen werden, sprach bei der Einweihung der jüdischen Gedenkstätte in Dachau: »Wir versprechen euch heilige Seelen, dass wir euch nicht vergessen, ihr seid ein Bestandteil unseres gebrochenen Wesens. Ein ewiges Licht wird immer für Euch in unseren Herzen leuchten.«

Obwohl es vom Wortstamm identisch ist, haben »Jiskor« und »Sachor« doch unterschiedliche Inhalte. So wie auch die jüdische Gedenkstätte im ehemaligen Konzentrationslager Dachau ein Ort des Gebetes, des »In-sich-gehens« ist; ein Ort, dem Schicksal unserer

Lieben nahe zu sein, die in den Gaskammern der Mörder umgekommen sind, aber auch ein Ort der Lehre. Ein Ort, an dem die Nachgeborenen Aufklärung finden, Fragen stellen können und die Mahnung der Ermordeten hören: »Vergesst uns nicht, damit ihr nicht vergessen seid.«

Ich empfehle diese Publikation von Dr. Kai Kappel, die ein weiterer Mosaikstein für all diejenigen ist, die guten Willens sind, das Unfassbare niemals wieder zuzulassen.

Dr. Josef Schuster
Präsident des Landesverbandes der
Israelitischen Kultusgemeinden in Bayern

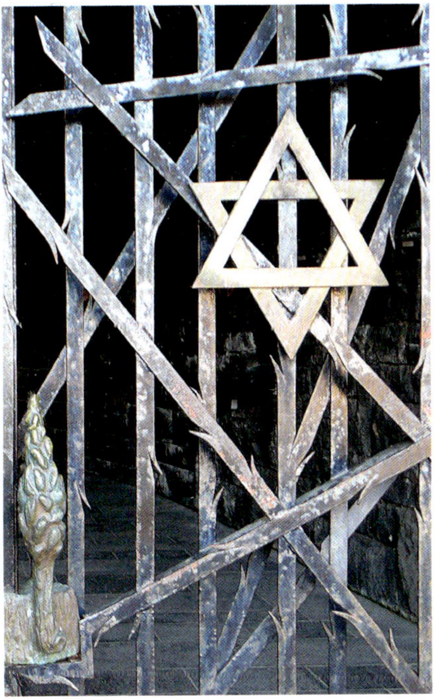

Eingang der jüdischen Gedenkstätte in Dachau

EINFÜHRUNG

In Dachau wurde am 22. März 1933 eines der ersten dauerhaften staatlichen Konzentrationslager eingerichtet. Was hier begann, fand in Auschwitz seinen Endpunkt. So ist der Name dieses Ortes weit über die Grenzen Deutschlands hinaus ein Synonym für den menschenverachtenden NS-Unterdrückungsapparat, »… ein Bezirk, dessen Boden uns durch die Sohlen brennt, auch wenn wir ihn nie betreten haben« (Ulrich Conrads).

Erinnerung ist an Orte gebunden, »Orte mit der Aura des Geschehenen als Kristallisationskerne des Verstehens« (Wolfgang Benz). Wer heute über die weiten, grauen Barackenfelder der Gedenkstätte geht, nimmt die Ödnis, das Ausgesetztsein körperlich wahr. Ist eine solche Gestaltung wirklich erinnerungsleer? Wie das materielle Relikt, das Mahnmal, die museale Präsentation und das Zeugnis durch Wort, Bild und Text, so macht auch diese Weite die Anwesenheit der 206.000 Dachauer KZ-Häftlinge erfahrbar.

Beflügelt von dem lebhaften Erinnerungsdiskurs, befasst sich die Forschung seit den 1990er-Jahren intensiver mit der Nachkriegsnutzung und memorialen Ausgestaltung der ehemaligen Konzentrationslager. Dieses Buch behandelt einen Ausschnitt vor allem aus der »zweiten Geschichte« des Lagers Dachau. Das unermessliche Leiden und Sterben der KZ-Häftlinge bleibt dabei stets präsent. Im Zentrum der Betrachtung stehen jene religiösen Erinnerungsorte, die im Umfeld der Gründung der KZ-Gedenkstätte Dachau entstanden. Eine zentrale Rolle kam dabei den einst hier inhaftierten Geistlichen, anderen Dachauer Häftlingen und den Angehörigen der Opfer zu. Diese Erinnerungsgemeinschaften interpretierten mit ihren Bauten die Geschichte des Konzentrationslagers.

Die kirchliche Präsenz im Lager Dachau hat eine Geschichte, die noch vor die Befreiung zurückreicht. Gottesdiensträume entstanden in allen Nutzungsphasen des Areals vor und nach 1945. Einige dieser Kirchenbauten künden von einem spirituellen und gesellschaftlichen Neuaufbruch, vom aufrechten Willen zum Gedenken und zur Versöhnung. Mancher kirchlich geprägte KZ-Häftling empfand sein Leiden als Martyrium oder Nacherleben der Passion

Christi. Wo jedoch in der Nachkriegszeit die Geschehnisse im Konzentrationslager eine verallgemeinernd heilsgeschichtliche Deutung erfuhren, wo eine in Wort und Bild vertretene Opfertheologie von der dringend gebotenen individuellen Auseinandersetzung mit Verantwortung und Schuld wegführte, wo es in diesem Zusammenhang zu einer Entkonkretisierung und Enthistorisierung der NS-Verbrechen kam, da beginnt aus heutiger Sicht die eigentliche Problematik. Schmerzlich ist zudem die Verstrickung einiger Protagonisten mit dem Nationalsozialismus. »Der Umgang mit den Stätten nationalsozialistischer Verbrechen war in beiden deutschen Staaten immer ein Gradmesser für die Fähigkeit der Gesellschaft, sich der Geschichte zu stellen.« (Stefanie Endlich)

Eine Beschäftigung mit der nunmehr über 70-jährigen Rezeptionsgeschichte des Konzentrationslagers Dachau lehrt, dass die hier errichteten Kunstwerke und Bauten zeitgebundene Leistungen sind. Immer wieder spürt man: Unsere heutige Gedenkkultur ist nicht diejenige der frühen Nachkriegszeit, auch nicht mehr diejenige der 1960er-Jahre. Doch bedürfen die millionenfachen Opfer des NS-Regimes mehr denn je unserer Gedanken, Gebete und Bemühungen; so sind diese Dachauer Bauten zweierlei: historische Stätten und lebendige Erinnerungsorte.

Kirchen und Kapellen in KZ-Arealen wurden und werden nur selten errichtet. Ein geografischer Schwerpunkt liegt in Bayern und Österreich, wo es die alte Tradition der Andachts- und Wegekapelle gibt. Der erste Bau nach Kriegsende ist die hier vorzustellende, Ende 1945 auf dem Lagergelände errichtete Heiligkreuzkirche: eine Kirche von Tätern für Täter. Die zeitlich nachfolgenden Kapellen in den ehemaligen Konzentrationslagern Flossenbürg (1946–1947), Hinzert (1948) und Mauthausen (1948–1949) dienten hingegen ausdrücklich dem Gedenken der Opfer. Das Flossenbürger Memorialkonzept entwickelten vor allem polnische »Displaced Persons« – es steht mit den Museumsgründungen in Majdanek (1944) und Auschwitz-Birkenau (1947) am Beginn der KZ-Gedenkstättenarbeit in Europa.

Kapellen und Kirchen bei oder in Arealen von Konzentrationslagern entstanden nur in den ersten Jahren nach Kriegsende, dann wieder ab 1960/65 (Dachau; Sühnekirche in Bergen; St. Theresia in Linz/Österreich; Kloster in Esterwegen). Betrachtet man die westdeutsche Erinnerungskultur, waren dies jene Zeiten, in denen ein Bekennen oder kritisches Hinterfragen des jüngst Gewesenen neben das weithin übliche Beschweigen trat. Systembedingt gab es in der DDR keine derartigen kirchlichen Räume.

Weil in einem Konzentrationslager Juden, Christen, Menschen anderer Religionsgemeinschaften, Agnostiker wie Atheisten gelitten haben, war und ist es nicht unumstritten, dort an prominenter Stelle Kreuzzeichen und Kirchen zu errichten (man denke an die Vorgänge in Auschwitz in den Jahren 1984 bis 1993). Unbehagen über solche Vorgänge gibt es nicht erst in der heutigen, opferspezifischen Gedenkkultur. Als 1948 die Wäschereibaracke des KZ Mauthausen zur Kapelle umgebaut werden sollte, merkte das österreichische Finanzministerium an: »Zu den Opfern von Mauthausen haben ja Angehörige aller Glaubensbekenntnisse gehört, während die Kapelle nur für die christlichen Konfessionen allein in Betracht käme.« In Mauthausen existieren nun ein profaner und ein kirchlicher Gedenkraum nebeneinander.

Im Norden der Gedenkstätte Dachau ist seit 1967/95 eine Gemeinschaft der Religionen und Konfessionen erreicht. Zeitbedingt kam es hier nicht zu einem einzigen religiösen Erinnerungsort. Immerhin ist man sich heute nah, pflegt die Ökumene und tritt füreinander ein. Es möge so bleiben.

Dieses Buchprojekt wurde getragen von der Unterstützung und freundschaftlichen Förderung Vieler. Besonders hervorzuheben sind die vor Ort in Dachau Tätigen. Die Evangelisch-Lutherische Kirche in Bayern und der Verein Ausstellungshaus für christliche Kunst in München haben das Erscheinen des Bandes durch namhafte Druckkostenzuschüsse ermöglicht. Ihnen allen sei sehr herzlich gedankt.

DIE DACHAUER LAGERKAPELLE (1941) – HAUS GOTTES IM KZ

Die Geschichte der Kapelle

Zwischen 1933 und 1936 hatten der Dachauer Pfarrer und Lagerseelsorger Friedrich Pflanzelt (1881–1958) und evangelische Geistliche der Inneren Mission München sporadisch Gottesdienste im KZ feiern können. Seit Ende 1940 wurden auf Anweisung des Reichsführers SS die Priester aus allen Konzentrationslagern in Dachau zusammengelegt. Wiederholt intervenierten der Vorsitzende der Deutschen Bischofskonferenz und besonders der Vatikan zu ihren Gunsten. In den Baracken 26, 28 und 30 hausten insgesamt 2720 vorwiegend katholische Geistliche aus 20 Nationen (darunter 447 Deutsche und Österreicher sowie 1780 Polen). Für sie entstand in Baracke 26 ein Gottesdienstraum. Vom Appellplatz aus gesehen, ist dies der drittletzte Block auf der linken Seite des Lagers.

Bereits im August 1940 war im KZ Sachsenhausen ein gottesdienstlicher Ort für Pfarrer eingerichtet worden. In der Dachauer Lagerkapelle konnte am 22. Januar 1941 die erste Messe gefeiert werden. Es gab dafür einen eigenen Lagerkaplan. Auch die evangelischen Geistlichen durften in der Lagerkapelle Gottesdienste feiern. Den »Ehrenhäftlingen« im sogenannten Bunker wurden bald Eucharistiefeiern gestattet. Seit September 1941 separierte man die inhaftierten Priester national, bis auf Weiteres durften nur noch Deutsche und Österreicher die Kapelle benutzen. Die Polen feierten ihre Gottesdienste fortan, bis Ende 1944, heimlich.

Bei offiziellen Besuchen des KZ diente die Lagerkapelle als Aushängeschild für die vermeintlich humane Behandlung der Inhaftierten durch die NS-Machthaber. Die Realität war eine andere: »Es gibt keine [Scheußlichkeit], die von der SS nicht begangen worden wäre«, notierte der Jesuit Léon De Coninck (1889–1956). Von den 2720 in Dachau inhaftierten Geistlichen kamen 1034 ums Leben, darunter allein 868 polnische Priester.

Trotz aller nationalen und konfessionellen Abgrenzungen entstand hier mehr als nur eine »Ökumene um des nackten Überlebens willen« (Birgit Weißenbach). Evangelische und katholische Geistliche fanden zu gemeinsamen Abendandachten im Schlafsaal des Blocks 26 zusammen. Mitten im Krieg, am 17. Dezember 1944, weihte hier der französische Bischof Gabriel Piguet (1887–1952) den schwer kranken Karl Leisner (1915–1945) zum Priester – auf konspirative Weise, aber mit Wissen der Kirchenleitungen. Seit Anfang 1944 waren auch Laien in der Kapelle zugelassen, wenn dies auf diskrete Weise geschah.

Nach der Befreiung erfuhr die Lagerkapelle eine lange Fremdnutzung. 1960 wurde sie teilweise wiederhergestellt, 1963 jedoch abgerissen.

Das Bauwerk

Die Lagerkapelle war durch einen Umbau der Häftlingsbaracke 26 entstanden. Auf Anweisung des Lagerkapos hatten Handwerker in Stube 1 die Trennwand zwischen dem Schlaf- und Wohnbereich entfernt, sodass ein 20 m langer, 8,75 m breiter und nur 3 m hoher Raum genutzt werden konnte. Die Wände waren mit Kreuzen und Lilien bemalt, an der Altarwand befanden sich Tapetenmuster. Da Laien vorerst keinen Zutritt hatten, war das Bauwerk durch einen Drahtzaun vom Häftlingslager separiert. Die anfangs mit roten Kreuzen bemalten Fenster wurden schließlich getüncht, um jede Einblicksmöglichkeit zu nehmen.

Handwerkliche Eigeninitiative der Geistlichen und externe kirchliche Spenden ermöglichten die Ausstattung der Kapelle, die Anschaffung von Paramenten und liturgischem Gerät sowie zahlreiche Verschönerungen. Aus Altötting traf eine Reliquie des Bruders Konrad ein. Der Altar stand an der Ostwand des Blocks, also direkt an der Wand zur Lagerstraße. Anfangs handelte es sich um Tische, die mit weißen Bettlaken überspannt waren. Auch gab es ein Predigtpult.

Ein weiterer Altar stand vor der Nordostecke und ermöglichte die Verehrung einer 110 cm großen, aus Holz geschnitzten Muttergottes mit Kind. Diese stammte ursprünglich aus Breslau (Künstler war vermutlich E. Hoepker); im Frühjahr 1943 gelangte sie als eine

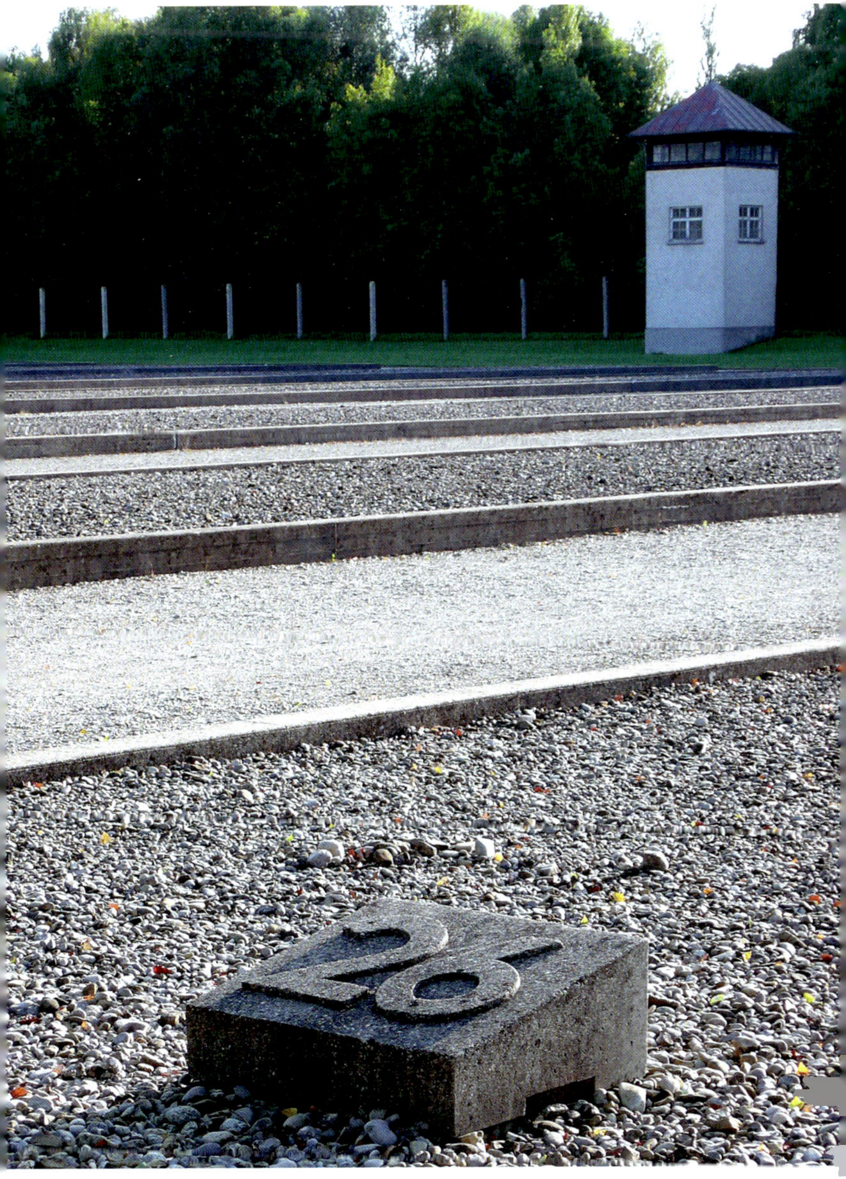

Areal von Baracke 26, Ort der ehemaligen Lagerkapelle

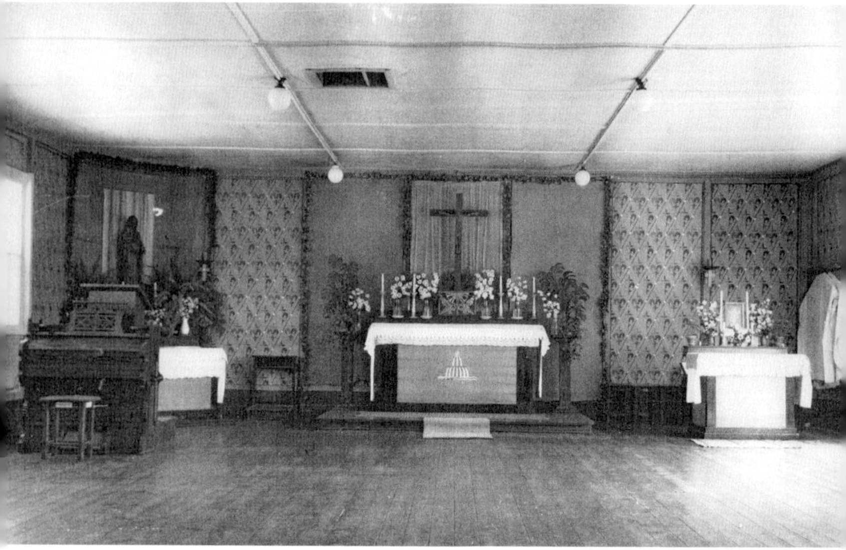

Ehemalige Dachauer Lagerkapelle (Aufnahme vom 30.4.1945)

Stiftung von Salvatorianern ins Lager Dachau. Für die hier inhaftierten Priester wurde die Madonna zu einem eminent wichtigen spirituellen Bezugspunkt. Sehr bald hieß sie »Unsere liebe Frau von Dachau«.

Bereits damals zeichnete sich ab: »Das Lager, in dem die SS katholische Priester konzentriert hatte, war prädestiniert, in der Bewältigung der NS-Vergangenheit der katholischen Kirche eine besondere Rolle einzunehmen« (Detlef Hoffmann). Die inhaftierten Priester erwarteten, dass die Madonna später Teil einer stark frequentierten Wallfahrts- oder Gebetsstätte (»Sühnebasilika«) werden würde. Auf Betreiben von Weihbischof Johannes Neuhäusler (1888–1973) kam sie schließlich, von ihrer Farbfassung befreit, in die Kirche des Dachauer Karmel. Um die christliche Tradition des Lagers zu verdeutlichen, wurde ein Teil des Altars der Lagerkapelle in den Altar der Kirche des Karmel eingelassen. Im Vorhof dieses Klosters sind in einer Vitrine Paramente und liturgische Geräte aus der einstigen Lagerkapelle ausgestellt.

CHRISTLICHE ZEICHENSETZUNGEN UND KIRCHLICHE PLANUNGEN NACH DER BEFREIUNG

Das Konzentrationslager Dachau wurde am 29. April 1945 durch amerikanische Truppen befreit. Kurz darauf, am 3. Mai, war polnischer Nationalfeiertag. In der Nacht zuvor errichteten ehemalige polnische Häftlinge auf dem Appellplatz ein 12 m hohes Kreuz. Das Lager als Ganzes und gerade dieser Platz, der für gemeinsam erlittene Qualen stand, trugen nun ein weithin sichtbares christliches Zeichen. Für die Polen, die größte Nationalitätengruppe im KZ Dachau, stand das Kreuz des leidenden Christus für die Unfreiheit ihrer Nation (schon seit den politischen Ereignissen von 1830/31) wie auch für das Leid und Opfer jedes Einzelnen. Kurz nach der Befreiung gab es bei der Lagerkapelle einen Altar mit der Schwarzen Madonna von Częstochowa/Tschenstochau, Ende 1945 vor dem Krematorium einen Katafalk mit Kreuz.

In Dachau internierte deutsche Priester entwickelten bereits früh die Vorstellung einer Sühnekirche. Protagonisten waren die ehemaligen Dachau-Häftlinge Pater Otto Pies (1901–1960) und Pater Leonhard Roth (1904–1960) sowie der erzbischöfliche Beauftragte für die katholische Lagerseelsorge, Pfarrer Friedrich Pflanzelt (1881–1958). Letzterer äußerte Ende Mai 1945 in einer Predigt: »Damit die Erinnerung [an die Verbrechen im KZ] nicht erlischt, soll eine Sühnekirche errichtet werden.«

In diesen Kreisen entstand im Mai oder Juni 1945 der Plan, ein Kloster der Ewigen Anbetung über dem Dachauer Krematorium zu errichten. Diesem wichtigen Relikt der jüngsten Vergangenheit sollte die Funktion eines Legitimation stiftenden Grabes oder Heiligtums zukommen, man denke an frühchristliche und mittelalterliche Kirchenbauten. Insa Eschebach bewertet dies als »Einverleiben der Stätte des Schreckens in die Ökonomie des Heils«. Michael Kardinal von Faulhaber (1869–1952) unterstützte seit Mai 1945 die Planung eines solchen Sühnemals. Er ließ für eine KZ-Gedenkkirche bereits ein Modell anfertigen – »alten Stils«, wie Pater Roth bedau-

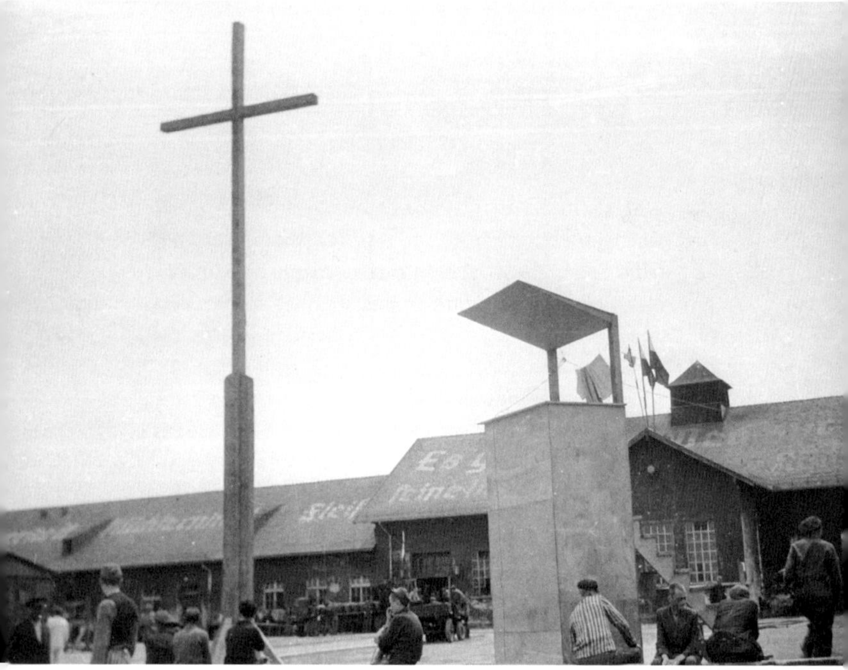

Kreuz auf dem Appellplatz des Lagers (1945)

ernd vermerkte. Das Projekt blieb glücklicherweise unrealisiert: Es gelang von Faulhaber nicht, den leitenden General Dwight D. Eisenhower (1890–1969) zu überzeugen. Auch erschien die Münchener Zeitung am 28. Juli 1945 mit dem Aufmacher »Wallfahrtsort Dachau?«, worauf sich in der Öffentlichkeit deutliche Kritik erhob.

Den Gedanken, im Dachauer Lager eine Sühnekirche oder ein Sühnekloster zu errichten, trug die Erinnerungsgemeinschaft der hier internierten katholischen Geistlichen (besonders Pater Leonhard Roth) stets mit sich. Er lebte 1949, 1955 und 1958 auf, dann wieder seit 1959, als es um den Bau der Todesangst-Christi-Kapelle und des Karmels ging.

RECHRISTIANISIERUNG DER TÄTER – DIE KATHOLISCHE KIRCHE HEILIG KREUZ (1945)

Im Jahr 1945 richteten die amerikanischen Besatzer im einstigen KZ ein zentrales Internierungscamp für Angehörige der SS und Funktionäre der NSDAP ein; es gab zudem Lagerteile für gefangene Wehrmachtsangehörige und für mutmaßliche Kriegsverbrecher.

Von August bis Dezember 1945 erbauten einige der hier Inhaftierten im Nordwesten des ehemaligen Appellplatzes die Heiligkreuzkirche: offenkundig als eine Bußleistung im Zusammenhang der Sündenvergebung und als ein öffentlich sichtbares Zeugnis der Rechristianisierung. Initiatoren waren die Patres Anton Nobis (1913–1987) und Leonhard Roth (1904–1960). Letzterer war KZ-Häftling in Dachau gewesen und übernahm 1945 bis 1948 die seelsorgerliche Betreuung der hier internierten Täter; später war er Pfarrkurat in der Wohnsiedlung Dachau-Ost. Beide Geistlichen sorgten für das Baumaterial der Kirche. Roth wählte das Patrozinium aus. Er äußerte, dieser Bau sei entstanden »mit den zur Kirche heimgefundenen Waffen-SS-Leuten«. Am 23. Dezember 1945 wurde Heilig Kreuz in Anwesenheit des amerikanischen Lagerkommandanten durch Michael Kardinal von Faulhaber benediziert. Dieser hat die hier anwesenden SS-Männer nicht, wie oft zu lesen ist, als »Kriegsgefangene« tituliert. Doch wurde die Schuldfrage vor diesem sehr besonderen Kreis nur dahingehend thematisiert, dass die persönliche Schuldbarkeit ja zur (gerichtlichen) Überprüfung anstehe.

Heilig Kreuz war ein breit gelagerter, lang gestreckter Bau (12 m breit, 30 m lang und nur 7 m hoch). Die gewestete Kirche besaß zum Appellplatz hin einen steinernen, turmüberhöhten Eingangsbereich. Offenbar wurde das hölzerne Kirchenschiff aus Teilen einer Baracke errichtet – wohl eine Reaktion auf die damalige Materialkontingentierung. Das Innere war ein Einraum, im Altarbereich hingen großformatige Bilder der Evangelisten. Die Caritas und das Erzbischöfliche Ordinariat sorgten für das Inventar und die

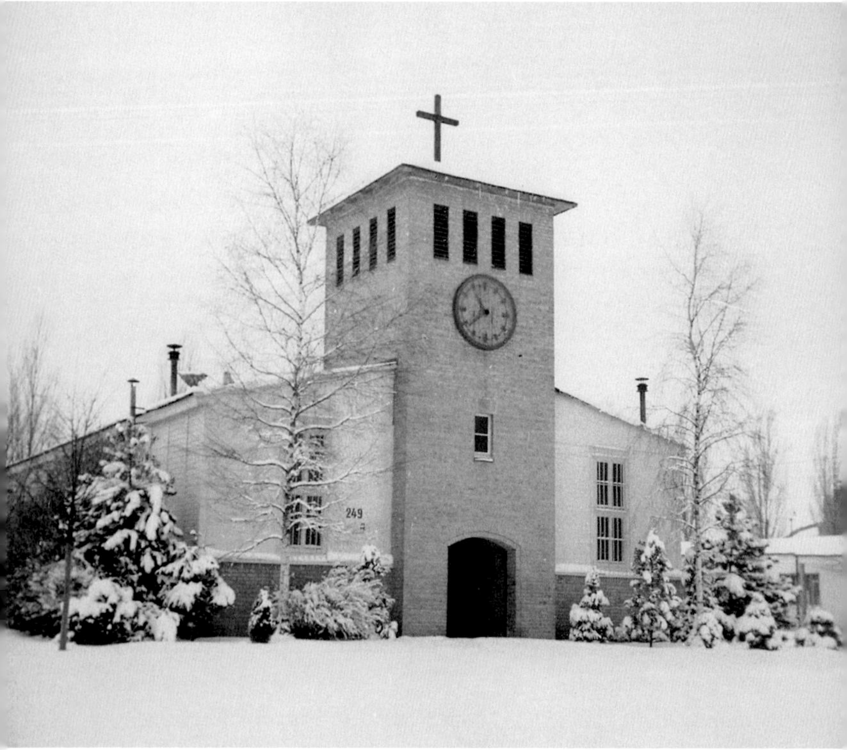

Ehemalige katholische Kirche Heilig Kreuz

Glocken. 1946 schuf der hier internierte Paul Spranger aus Konservendosen, Benzinkanistern und Zinkblechplatten eine Orgel.

Heilig Kreuz wurde zwar von 1945 bis 1960 genutzt, doch war der Bau von 1948 bis 1956 von den Amerikanern beschlagnahmt. Da sich das Dachauer Lager seit 1948/49 mit Flüchtlingen und Vertriebenen füllte, musste Pater Roth für diese einen neuen Kirchenraum suchen. Er fand ihn in Block 27/4 (nach damaliger Zählung: Block 32). Während der KZ-Zeit hatte sich hier die »Strafkompanie« befunden, worüber Roth seine Gemeinde aufklärte. Die Heiligkreuzkirche von 1945 war nur noch an hohen Festtagen Ort von Gottesdiensten; Ende 1964 wurde sie abgebrochen.

SYSTEMBAU FÜR DIE FLÜCHTLINGS-SIEDLUNG – DIE EVANGELISCHE GNADENKIRCHE (1952)

Seit 1948/49 wurden große Teile des einstigen KZ-Häftlingslagers zur »Wohnsiedlung Dachau-Ost« für Flüchtlinge und Heimatvertriebene umgebaut. Die dort lebenden Evangelischen nutzten zunächst den Gottesdienstraum in Block 27 mit. Dann entstand im Osten des Appellplatzes die Gnadenkirche. Sie war Teil eines 1950–1953 aufgelegten Hilfsprogramms der Evangelischen Kirche in Deutschland (EKD) für ländliche Diasporagemeinden bzw. für Gemeinden mit einem hohen Anteil an Flüchtlingen und Vertriebenen. Es handelte sich um einen Systembau, der aus einer vorgefertigten hölzernen Binderkonstruktion bestand. Diese war weitgehend selbsttragend, ruhte jedoch an ihren Enden auf steinernen Umfassungsmauern.

Entwerfer dieses spezifischen, Diasporakapelle genannten Konstruktionsschemas war Otto Bartning (1883–1959), einer der einflussreichsten Architekten und Kirchenbauer des frühen und mittleren 20. Jahrhunderts. Bartning ging es hierbei um preiswerte und zweckdienliche kirchliche Räume aus typisierten, vorfabrizierten Konstruktionselementen. Erfahrungen im Systembau brachte er mit, etwa aus seinem gesamtdeutschen Notkirchenprogramm (1948–1951). Die Dachauer Gnadenkirche war ein Geschenk des Lutherischen Weltbundes und der Evangelisch-Lutherischen Kirche in Bayern. Die Grundsteinlegung erfolgte am 24. November 1951; konstruktionsbedingt konnte sie bereits am 23. März 1952 in Gebrauch genommen werden. Pfarrer und hochrangige Kirchenvertreter äußerten damals, die Namensgebung der Kirche solle den Flüchtlingen signalisieren, dass hier eine bleibende Zufluchtsstätte zur Gnade sei; an diesen Ort des Teufels setze nun Gott seine Kirche. Irritierend ist nur, dass der erste Gemeindepfarrer, Dr. Ernst Daum, zuvor ein bekennender Nationalsozialist gewesen war.

Die kleine, 11,30 × 14,47 m messende Gnadenkirche besaß einen rechteckigen, von den Seiten hell erleuchteten, binderüberspannten Kirchensaal für etwa 60 Personen, zudem einen Gemein-

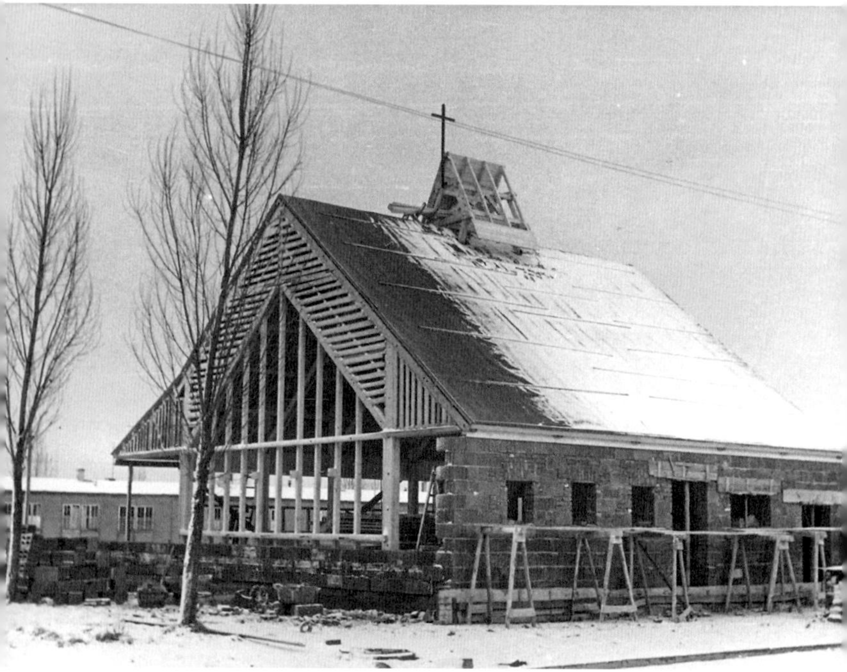

Ehemalige evangelische Gnadenkirche im Bau

deraum, Sakristei und Teeküche. Dem durchlaufenden Satteldach war ein kleiner Träger für die aus Schlesien stammende Glocke und das Kreuzzeichen aufgesetzt.

Der letzte Gottesdienst in der Gnadenkirche fand am 9. November 1963 statt, als die EKD dort den Bau der späteren Versöhnungskirche verkündete. 1964 wurden die konstruktiven Elemente der Gnadenkirche niedergelegt und schließlich in die nahe gelegene Siedlung Ludwigsfeld transferiert. Dort versahen sie von 1967 bis 2005 ihren Dienst als evangelische Golgathakirche. Zurzeit wird dieser Raum von der georgischen orthodoxen Gemeinde Münchens genutzt. Denkmalpflegerischer Schutz blieb ihm bislang versagt.

VEREINT IM AREAL DER MEDITATION: DIE RELIGIÖSEN ERINNERUNGSORTE IM NORDEN DER GEDENKSTÄTTE

Vor allem in der ersten Hälfte der Ära Adenauer kam es zu einer »Negativgeschichte von Verdrängung, Verharmlosung oder Verleugnung der [NS-]Verbrechen« (Barbara Distel). Spürbar waren solche Haltungen gerade in Dachau. Ehemalige KZ-Häftlinge fanden am Ort ihrer Qualen eine Wohnsiedlung vor; lediglich im Bereich der Krematorien existierte ein kleines Gedenkareal. Erst 1955 setzte die Wende ein: Die Bundesrepublik verpflichtete sich, Gedenkstätten zu erhalten, und das »Comité International de Dachau« (CID) gründete sich neu. Die dort versammelten einstigen KZ-Häftlinge entfalteten in Zusammenarbeit mit einem bayerischen Kuratorium rege Aktivitäten. Allmählich wandelte sich die Einstellung in Politik und Öffentlichkeit zugunsten einer Gedenkstätte.

Einer der Protagonisten war Leonhard Roth (1904–1960), ehemaliger Dachau-Häftling und damaliger Pfarrkurat in der Siedlung Dachau-Ost. Er äußerte, das Dachauer KZ-Areal sei »Weltheiligtum«; das Bürgertum stehe einer Gedenkstätte desinteressiert gegenüber – um nicht kommunistisch geprägt zu werden, müsse diese kirchliche Akzente erhalten. Als Delegierter der KZ-Priester im CID kämpfte Roth seit 1956 für die Erhaltung der Kirchen auf dem einstigen Appellplatz. Als das CID im Januar 1959 einen Denkmalswettbewerb durchführte, sollte Heilig Kreuz (1945) auf der Ostseite des Appellplatzes durch eine evangelische Kirche (wohl die Gnadenkirche) und einen jüdischen Gedenkraum ergänzt werden.

Roths machtvoller Antipode war Weihbischof Johannes Neuhäusler (1888–1973). Der enge Mitarbeiter und kirchenpolitische Referent Kardinal von Faulhabers war von 1941 bis 1945 als »Sonderhäftling« im KZ Dachau gewesen. Seit Herbst 1959 entwickelte Neuhäusler das Konzept eines religiös geprägten Gedenkstättenareals im Norden des einstigen Häftlingslagers. In seinem Zentrum sollte eine Kapelle stehen, für die Neuhäusler seit 1958/59 Geld sammelte. Die Wegeachsen aus der KZ-Zeit blieben verbindlich. Neuhäusler votierte für eine Begrünung des Lagerareals; der heutige Eichenbestand um die Todesangst-Christi-Kapelle ist ein rudimentäres Zeugnis davon, erinnert allerdings auch an Ehrenhaine deutscher Kriegerdenkmäler.

Ende Oktober 1959 sprach sich die Dachauer KZ-Priesterschaft gegenüber dem CID für eine Beseitigung der Lagerkirchen der frühen Nachkriegszeit auf dem Appellplatz aus. Roth meldete Neuhäusler am 11. November 1959, das CID habe dem Vorschlag der Priesterschaft zugestimmt, nunmehr am Nordende des Lagers eine KZ-Gedächtniskirche (»als Gegen-Monument« zum geplanten Mahnmal), eine evangelische Kirche und eine Synagoge zu errichten.

Neuhäusler betrieb jedoch nur den Bau der Todesangst-Christi-Kapelle (1960) als »eucharistische Opferstätte«. Er bot dieses Bauprojekt den Evangelischen und den Juden zur Mitnutzung an – beide lehnten ab. Neuhäuslers Ausrichtung des Lagers auf einen einzigen christlichen Kultbau im Norden folgte dem damaligen katholisch-theologischen Verständnis, wonach das Leiden und Sterben *aller* Opfer und die Passion Christi untrennbar miteinander verbunden waren. Das Leiden und der Tod von Menschen wurden aus dieser Perspektive als Akt einer Nachfolge Christi verstanden.

Verantwortet von dem Vertrauensarchitekten des CID, René Vander Auwera (Brüssel, 1907–1998), entstand in der Folge das heutige Miteinander der zentralen Todesangst-Christi-Kapelle, der evangelischen Versöhnungskirche und der jüdischen Gedenkstätte. An dieser »Place de méditation« befanden sich zur KZ-Zeit die Lagergärtnerei, Kaninchenställe und die Kleiderdesinfektion. Auf Initiative Helmut Strifflers (1927–2015) wurde die räumliche Zuordnung der drei religiösen Erinnerungsorte weiter intensiviert. Ergänzend kam das Karmelitinnenkloster hinzu.

Ohne Quellenbeleg bleibt Kathrin Hoffmann-Curtius' These, dass dem Areal des Lagers Dachau durch die Anordnung der religiösen Erinnerungsorte eine Golgathasymbolik eingeschrieben werden sollte. Heinz Meier (1912–1993), damaliger Präsident des Landesverbandes der Israelitischen Kultusgemeinden in Bayern, gab 1967 eine völlig andere Deutung: Die drei religiösen Gedenkstätten stünden für den gemeinsamen Leidens- und Todesweg der Häftlinge; sie sollten mithelfen, für die Ideale der Menschlichkeit und

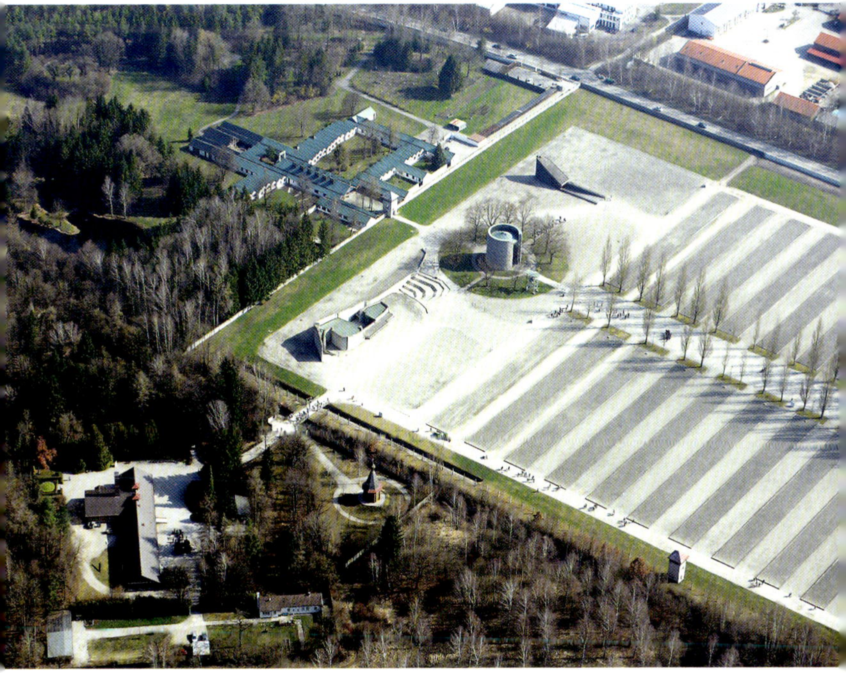

Luftaufnahme der religiösen Erinnerungsorte von Südwesten

den Frieden auf Gottes Erde einzustehen. Auch war es den Schwestern des Karmel lediglich wichtig, dass ihr kreuzförmiges Kloster an seinem »Fußpunkt« mit dem einstigen Häftlingslager in Verbindung steht.

Als man die ehemaligen Häftlingsbaracken 1962 bis 1965 abbrach, verschwanden die Lagerkapelle von 1941, die Heiligkreuzkirche und die »Barackenkirche« Hl. Kreuz in Block 27. Die evangelische Gnadenkirche wurde transloziert. Dass die KZ-Gedenkstätte Dachau am 9. Mai 1965 eröffnet werden konnte, war ein großartiger Erfolg vor allem des CID. Dessen Gedenkstättenplanung war 1968 mit dem Mahnmal auf dem Appellplatz komplett.

DIE KATHOLISCHE TODESANGST-CHRISTI-KAPELLE (1960)

Die Baugeschichte der Kapelle

Lange schon hatte die Gemeinschaft der ehemaligen Dachauer KZ-Priester eine Sühnekirche ersehnt. Pater Leonhard Roth (1904–1960) vermerkte, Weihbischof Johannes Neuhäusler (1888–1973) habe seit Mitte 1958 ein entsprechendes Kapellenprojekt in das Programm des 37. Eucharistischen Weltkongresses in München aufgenommen (es ist jedoch unklar, ob dies zutreffend ist). Jedenfalls hatte Neuhäusler bereits 1959 Geld für einen Kapellenbau am Ende der Lagerstraße gesammelt. Als am 1. September 1959 der hochdekorierte Bomberpilot Leonard Cheshire (1917–1992) und dessen Frau das Fehlen eines religiösen Denkmals im Dachauer Lager kritisierten, wurde Neuhäusler einmal mehr bewusst, dass dies auf die Dachau-Besucher des 1960 anstehenden Weltkongresses keinen guten Eindruck machen würde. Zudem könnte es dem belesenen, bestens informierten Neuhäusler wichtig gewesen sein, der damals anhebenden Kritik an der Rolle der katholischen Kirche im »Dritten Reich« (Schriften von Böckenförde und Weinberger) einen Ort entgegenzusetzen, an dem man der kirchlichen NS-Opfer gedenken sollte.

Ende 1959 setzten fieberhafte Bauplanungen ein. Die Kapelle wurde im Frühjahr 1960 vom Erzbischöflichen Ordinariat in Auftrag gegeben, Baubeginn war Ende April. Mithilfe des Münchner Architekten Josef Wiedemann (1910–2001), durch eine Fülle von Spenden aus der gesamten Bundesrepublik und nicht zuletzt durch den beherzten Einsatz der Bundeswehr erreichte Neuhäusler, dass der Kapellenbau in nur vier Monaten, rechtzeitig zum Eucharistischen Weltkongress, fertiggestellt wurde. Zunächst war ein Hausteinbau aus Basalt bzw. Nagelfluh geplant, was aus Kostengründen und ästhetischen Überlegungen verworfen wurde. Das Patrozinium der Kapelle bestimmte Joseph Kardinal Wendel (1901–1960), der hiermit die Todesangst Christi und die Todesangst der Häftlinge verbunden wissen wollte.

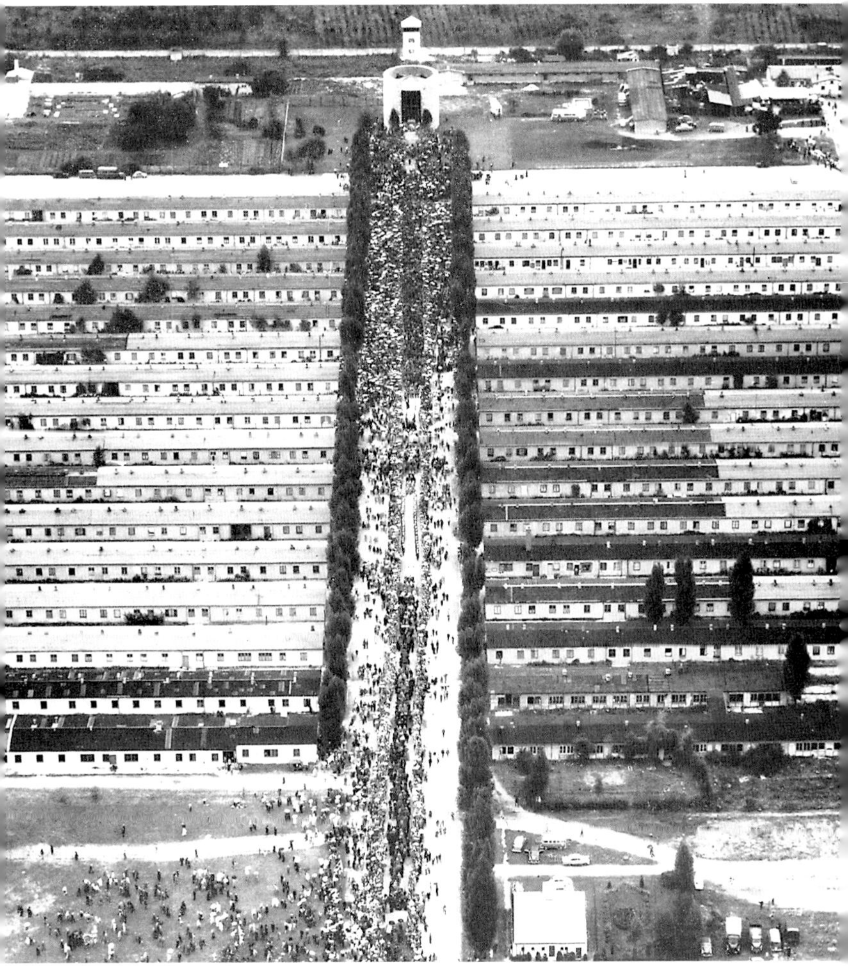

Einweihung der katholischen Todesangst-Christi-Kapelle (1960)

Die Kapelle wurde während des Eucharistischen Weltkongresses, am 5. August 1960, durch Neuhäusler geweiht; circa 40 – 50.000 Menschen drängten sich zwischen den damals noch stehenden Barackenbauten des Lagers Dachau.

Mit Peter Blundell Jones und anderen mag man diesen Kapellenbau als eine christliche Vereinnahmung des Lagers empfinden, als eine deutliche Akzentverschiebung weg von dem für die Häftlingserinnerungen so wichtigen Appellplatz. Gedenkpolitisch waren die Kapelle und die Einweihungsfeier weit mehr: ein sichtbares Zeichen, dass es in der Bundesrepublik in den Jahren zwischen 1958 und 1962 – also noch in der Ära Adenauer – zu einem Wandel von der Schamkultur der »stillen« frühen und mittleren 1950er-Jahre hin zu der viel zitierten »Phase der Vergangenheitsbewältigung« gekommen war. Ereignisse wie die Kapellenweihe trugen dazu bei, dass dieser Prozess unumkehrbar wurde.

Als Weihetag war ein Freitag ausgewählt worden. So konnte Weihbischof Neuhäusler auf die *imitatio Christi* abheben; er schrieb dazu: »Zu der gleichen Stunde, als unser Herr seinen Todeskampf erlitten und unseren Tod durch seinen Tod überwunden hat, sollte im Angesicht der Kapelle zur Todesangst in Gebeten die Erinnerung an die Leiden und den Tod so vieler Menschen wachgerufen werden«. Eine von München ins Dachauer Lager führende »Sühnewallfahrt« der katholischen Jugend spielte ebenfalls auf die Erfahrung von Golgatha an. Während dieser wurde Christus auch angefleht, »alle schlimmen Taten des Hitlerreiches«, den millionenfachen Judenmord und die Zerstörung so vieler Synagogen zu sühnen. Bei seiner Rede auf der Einweihungsfeier bekannte der Essener Bischof Franz Hengsbach (1910–1991) »die besonders schwere Schuld von Deutschen«; einem schon länger gepflegten kirchlichen Deutungsmuster folgend, begründete er das Grauen von Dachau mit dem Abfall der Menschen von Gott.

Integraler Bestandteil der Feierlichkeiten an diesem 5. August war die Wiedereröffnung eines großen Teiles der einstigen Lagerkapelle in Block 26. Der ehemalige Altar, die Madonna und die Monstranz wurden dort erneut aufgestellt. Damit verband Neuhäusler den Bau der Todesangst-Christi-Kapelle mit der kirchlichen Tradition des Ortes.

Zur Einweihung der Kapelle war der vormalige NS-Reichsbankpräsident Hjalmar Schacht (1877–1970) als Ehrengast geladen; auch er hatte 1944/45 KZ-Haft erlitten. Nur wenige wussten allerdings von der NS-Vergangenheit des Kapellenarchitekten: Josef Wiedemann – hoch angesehener Professor für Entwerfen, Denk-

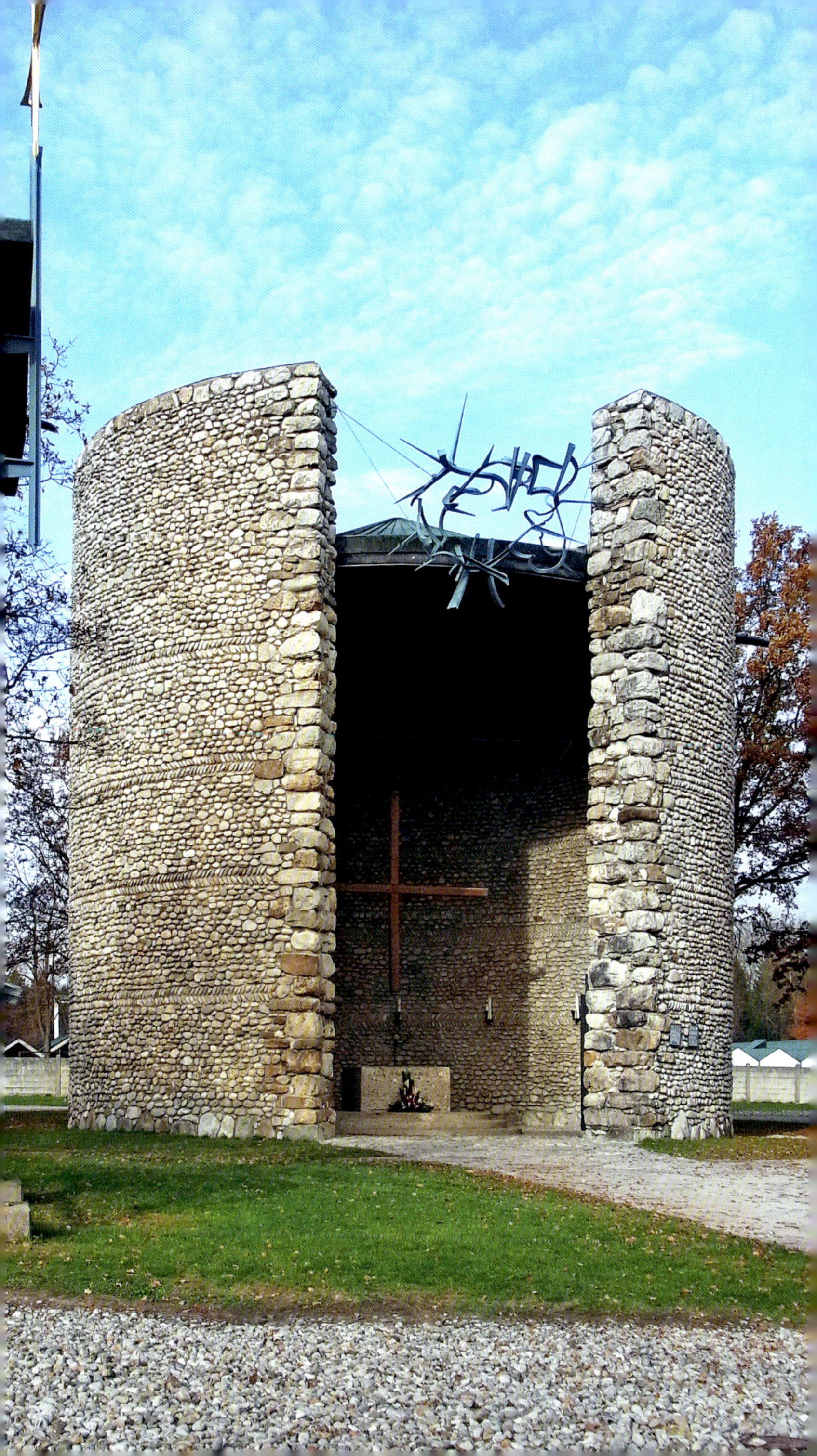

malpflege und Sakralbau an der TH München, überaus geschätzt wegen seines sensiblen, schöpferischen Aufbaus des Odeons und des Siegestores in München, zwischen süddeutscher Bautradition und gemäßigter Moderne stehend, Mitglied der Bayerischen Akademie der Schönen Künste – war 1933 in die SS eingetreten und hatte auf dem Obersalzberg und in Linz am Bauen im »Dritten Reich« partizipiert. Aus Sicht des Verfassers ist es schmerzlich, dass ein Angehöriger jener Organisation, die für das unermessliche Leid in den Konzentrationslagern verantwortlich war, im einstigen KZ Dachau Memorialbauten wie die Todesangst-Christi-Kapelle und den Karmel errichten und zudem die künftige Gedenkstätte planen konnte. Denkbar wäre allerdings, dass Wiedemann gerade diese Aufträge als ganz persönliche Sühneleistung empfand.

Die Baugestalt

Die kreisrunde, zeichenhafte Todesangst-Christi-Kapelle bildet den weithin sichtbaren Zielpunkt der Dachauer Lagerstraße. Ihre Erbauer verstanden sie als einen religiösen Gegenort zum geplanten Mahnmal auf dem Appellplatz. Es handelt sich um eine zylindrische Großform (13,60 m hoch, Durchmesser 14,20 m), in die ein leicht wirkendes, hölzernes Kegeldach mit unterspannten Sparren eingesetzt ist. Eine geschmiedete, kupferne Dornenkrone scheint geradezu über dem Eingangsbereich zu schweben. Das Bauwerk ist eine Betonskelettkonstruktion, die beidseitig mit 15–20 cm großen Kieseln aus der Isar umkleidet wurde; dafür adaptierte man eine alte Technik aus dem Hausbau. Die horizontalen Bänder aus kleineren, fischgrätenartig vermauerten Kieseln dienen als Ausgleichsschichten und gliedern den Baukörper im Sinne eines Ornaments. Kaum wahrnehmbar verjüngt sich der Durchmesser des Bauwerks vom unteren Drittel nach oben um 14 cm, was (entsprechend einer Entasis bei antiken Säulen) für Bewegtheit und Plastizität sorgt. Die zur Lagerstraße weisende, etwa 4,5 m breite und wie aus der Mauer ausgeschnitten wirkende Öffnung ist bei näherem Hinsehen durch hammerrechtes Mauerwerk »gesäumt«.

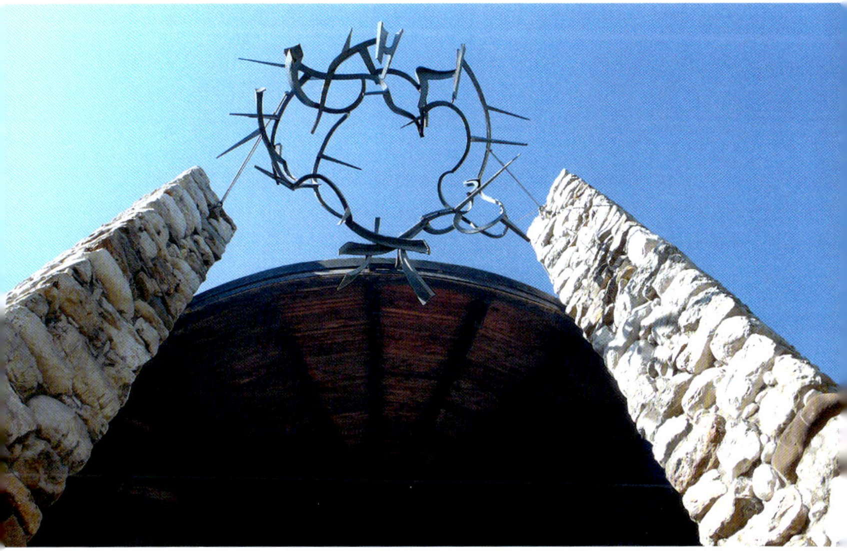

Katholische Todesangst-Christi-Kapelle, Dornenkrone

Dass die Todesangst-Christi-Kapelle stark auf die Wegführung des einstigen Konzentrationslagers bezogen ist, könnte durch Neuhäuslers Auseinandersetzung mit dem Lagerleben bedingt sein. Nach eigener Aussage wollte Wiedemann mit diesem Bau all jene, die über die Lagerstraße gegangen waren, zusammenfassen.

Das Innere der Kapelle ist weitgehend original erhalten: Inmitten des überraschend weiten Raumes, der nur durch den Kieselsteinboden, die Struktur des Mauerwerks und das dünnlinige, scheinbar schwebende Dach gegliedert ist, erhebt sich eine kreisförmige, um drei Stufen erhöhte Altarinsel. Kleine und mittelgroße Gruppen scharen sich hier im Sinne eines offenen oder geschlossenen Ringes um die Altarstelle mit dem Zelebranten. Der großformatige, rechteckig-blockhafte Altar ist aus Brannenburger Nagelfluh gearbeitet. Auf diesem befinden sich vier Kerzenleuchter, dazwischen ein bescheidener, stark stilisierter Kruzifixus aus Metall. Wie zur Weihezeit der Kapelle wird die Altarstelle durch ein schlichtes, frei hängendes Holzkreuz (griechisches Kreuz) überhöht. Wiedemann hatte ursprünglich ein kräftiger ausgebildetes Kreuz mit einem kleinen Kruzifixus geplant; zwischenzeitlich war ein Corpus am Kreuz angebracht worden. An den Wänden befinden sich Halterungen für Kränze.

Die Todesangst-Christi-Kapelle soll laut Wiedemann auch ein Raum zum Gedenken für Einzelpersonen und kleinere Gruppen sein. In der Regel steht das (bauzeitliche) Rollgitter einladend offen.

Bergende Figur, bildhaftes Bauen

In einem weiteren Sinn verarbeitet die Todesangst-Christi-Kapelle Anregungen aus der Architekturgeschichte (frühchristliche Mausoleen Roms, barocke Kapellenrotunden, Totenburgen des Volksbunds Deutsche Kriegsgräberfürsorge). Die wichtigsten Impulse kamen jedoch von der Schnittstelle zwischen Architektur und Theologie/Liturgiewissenschaft: Schließlich entstand die Kapelle kurz vor dem II. Vatikanischen Konzil, das viele Anliegen der Liturgischen Bewegung sanktionierte.

Der bekannte katholische Kirchenbaumeister Rudolf Schwarz (1897–1961), einer der Protagonisten der Liturgischen Bewegung, hatte in seinem 1938 und erneut 1947 erschienenen Buch »Vom Bau der Kirche« Planfiguren der räumlichen Anordnung von Gemeinde, Zelebrant und Altar veröffentlicht. Schwarz' Gedanken kreisten um die bergende Baufigur. Diese Skizzen und Beschreibungen waren in der Nachkriegszeit weithin verbreitet. Neuhäusler und Wiedemann werden sich über sie ausgetauscht haben.

Schwarz' zweiter Plan hieß »Heiliger Aufbruch (Der offene Ring)«. Hier ist die Feiergemeinde um die Altarstelle geschart, der kreisförmige Raum jenseits der Altarstelle um ein Viertel aufgeschnitten. Schwarz dazu wörtlich: »[Der Plan] soll Innigkeit und Ferne, Bergung und Öffnung, Dasein und Weg zu einer Einheit verweben und einen Raum ins Unendliche öffnen. […] Lichtvolle Leere reicht herein bis auf den Altar.« Schwarz' fünfter Plan, »Heiliger Wurf (Der dunkle Kelch)«, setzt dem dort hinziehenden, des Wegs durch die Geschichte müde gewordenen Gottesvolk eine große

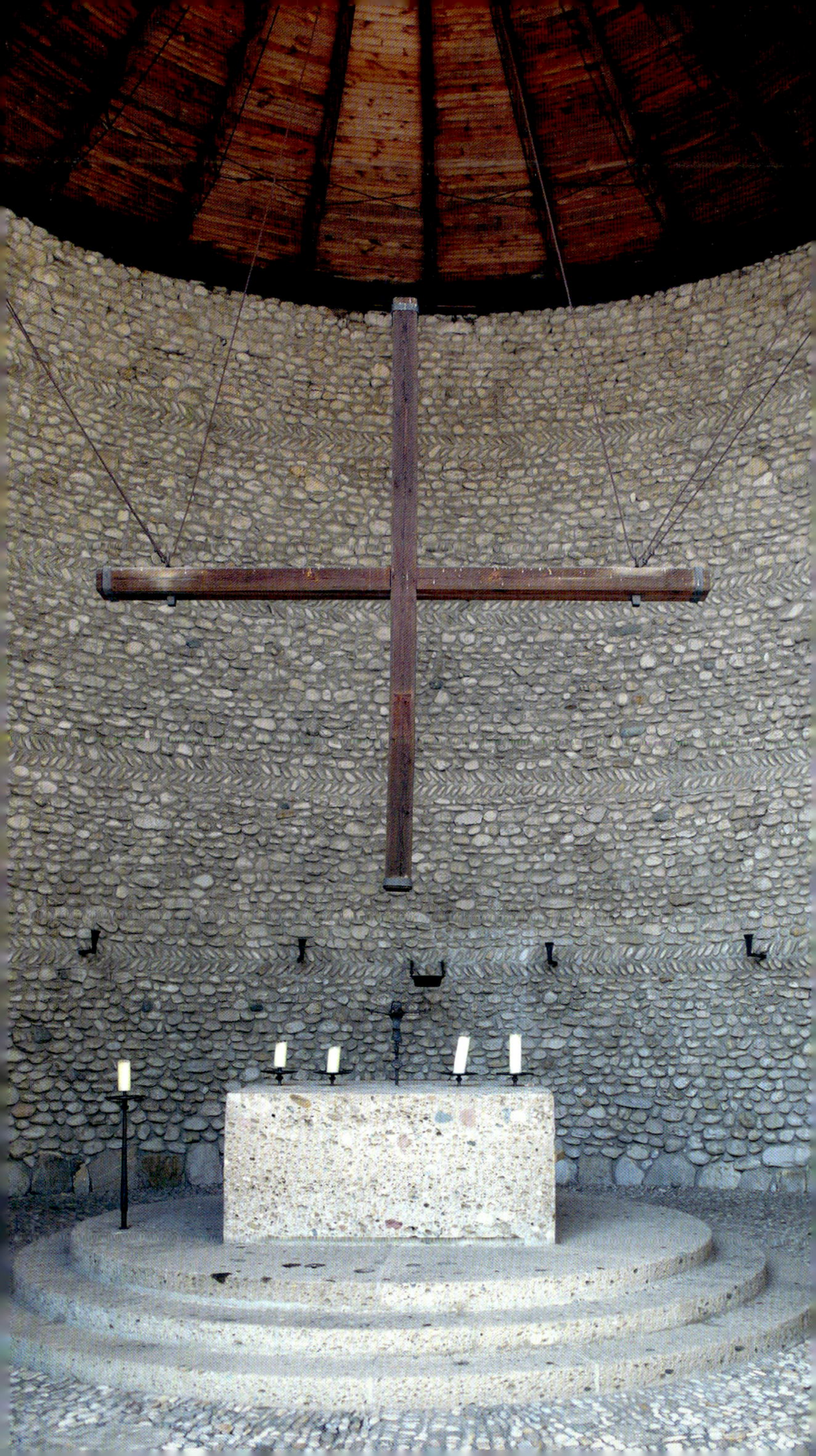

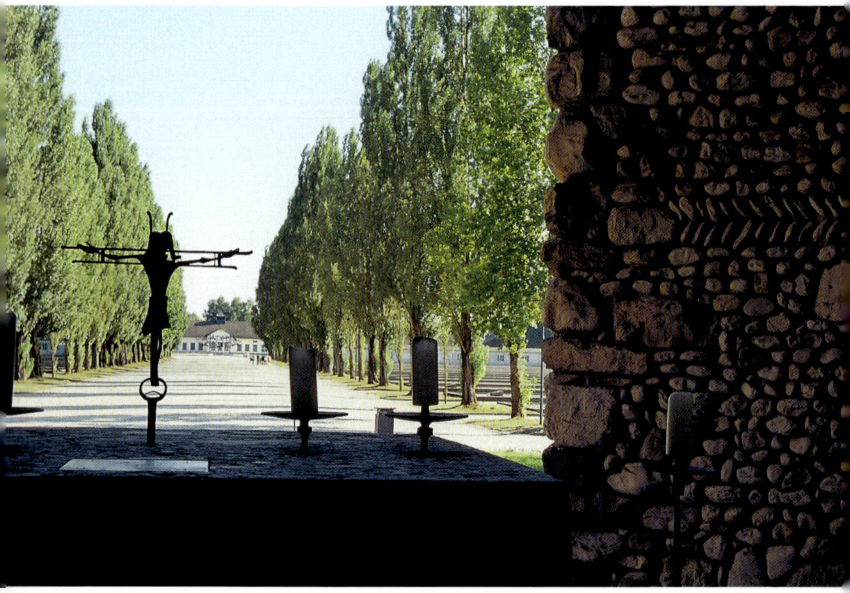

Katholische Todesangst-Christi-Kapelle, Blick über den Altar auf die Lagerstraße

aufnehmende Bauform, eine fensterlose, gerundete Hohlform entgegen: »Es kommt in langem Zug aus der Ferne, hat seinen Weg beinahe vollendet und erreicht jetzt das Ziel. Weit offen wartet der Himmel. Dort vorn sitzt der Herr, er breitet seine Arme dem Zug entgegen […]; der Altar ist die Stelle, wo er die Seinen erwartet.« Ein solcher Bau solle zur Umwelt hin mindestens durch ein Tor geschlossen sein. In Schwarz' siebtem Plan, dem »Dom aller Zeiten«, ist eine aufgeschnittene Rotunde als einer der beiden liturgischen Zielpunkte benannt.

In diesem Kontext ist wichtig, dass Josef Wiedemann zum Planungsteam gehörte, das 1959/60 für das Erzbistum München und Freising den Entwurf der Altaranlage für die Großgottesdienste des Eucharistischen Weltkongresses lieferte; die Altarinsel stand hier in der Mitte der versammelten Gläubigen, was die tätige Teilnahme der Feiernden an den liturgischen Handlungen befördern sollte und nicht nur für die Gestaltung der Dachauer Kapelle folgenreich war.

Wiedemanns Todesangst-Christi-Kapelle hat eine bergende Form, die an das weite Gewand einer Schutzmantelmadonna denken lässt. Die zum Lager hin gerichtete Dornenkrone will symbolisieren, dass Christus für uns alle, gerade auch für die Häftlinge, gelitten hat und gestorben ist. Neuhäusler sprach immer wieder von einer Sühnekapelle oder einem Mahn- und Sühnemal. Er verglich die Bauform unter Bezugnahme auf Jesaia 63,3 mit einer riesenhaften Weinkelter, wobei gerade dieser Text hinsichtlich der an diesem Ort zu beachtenden Opfer-Täter-Relation problematisch ist. Den Architekten Wiedemann leitete die »Vorstellung eines Turms als Symbol der Gefangenschaft, der die Lagerstraße aufnimmt und zu ihr hin aufgebrochen ist, die Befreiung.«

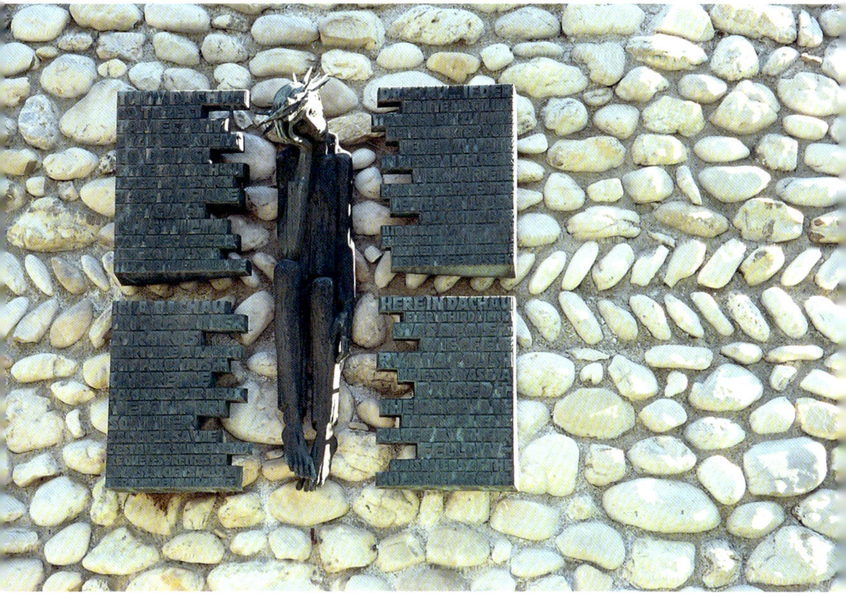

Katholische Todesangst-Christi-Kapelle, Gedenktafel für die polnischen Häftlinge

Ein internationaler Gedenkort

Die 3000 kg schwere, in einem freistehenden Trägergerüst neben der Kapelle befindliche Glocke wurde erst am 22. Juli 1961 eingeweiht. Stifter waren die österreichische Häftlingsgemeinschaft und die österreichische Bundesregierung. Die Glocke trägt folgende Inschrift: »In treuem Gedenken den toten Kameraden aller Nationen gewidmet von Dachau-Priestern und -Laien aus Österreich«. Jeden Nachmittag zur Todesstunde Jesu läutet sie zum Gebet für die Opfer des Konzentrationslagers.

Am 19. August 1972 enthüllte Julius Kardinal Döpfner (1913–1976) auf der Nordseite der Todesangst-Christi-Kapelle eine Gedenktafel aus Erz. Gestiftet wurde diese von den im KZ Dachau inhaftierten polnischen Priestern. In vier Sprachen wird hier vom Leiden und Sterben polnischer Häftlinge in Dachau berichtet. Die einzelnen Teile dieser Gedenktafel scheinen vor der Kapellenwand zu schweben. In ihrem Zentrum kauert ein stark überlängter, ausgemergelter, von der Passion gezeichneter Christus in Häftlingskleidung.

Katholische Todesangst-Christi-Kapelle, Glockenträger

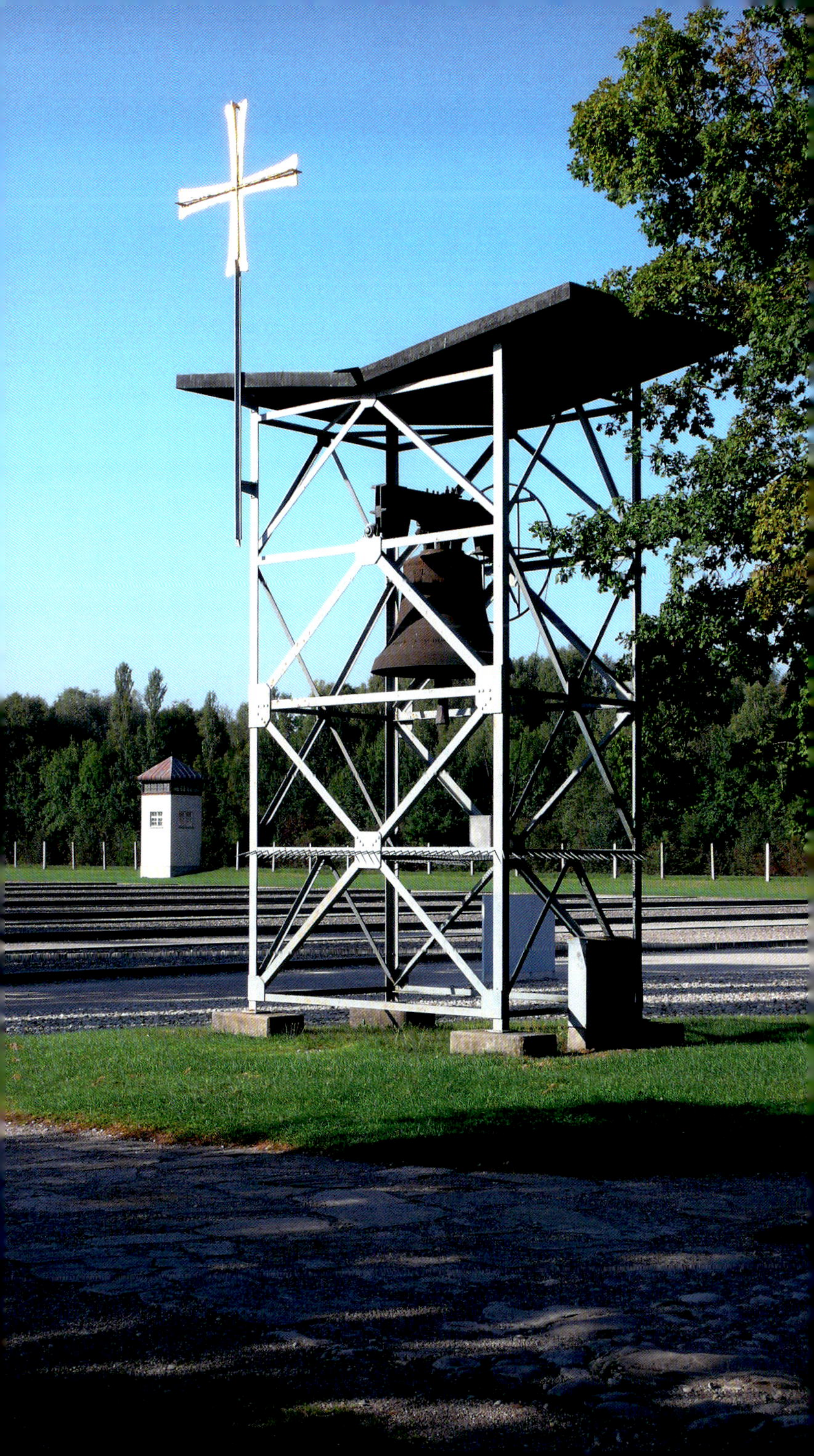

DER KARMEL HEILIG BLUT (1964)

Die Baugeschichte des Klosters

Die Errichtung eines Karmels am ehemaligen Konzentrationslager Dachau ist Teil langjähriger Bemühungen um eine Sühnekirche oder ein Sühnekloster. Auch sollte die geplante KZ-Gedenkstätte eine möglichst kirchliche Prägung erhalten.

Am 4. November 1959 regte Pater Leonhard Roth (1904–1960) bei Weihbischof Johannes Neuhäusler (1888–1973) die Gründung eines Sühneklosters neben der geplanten Gedenkkirche an. Neuhäusler hielt es für notwendig, die Todesangst-Christi-Kapelle um einen größeren katholischen Gottesdienstraum zu ergänzen. Befördert wurde die Einrichtung des Klosters besonders durch die Priorin des Karmels in Bonn-Pützchen. Maria Theresia von der gekreuzigten Liebe (1911–1970) war gebürtige Münchnerin und eng verbunden mit der Jugendarbeit um Pater Alfred Delp (1907–1945). Gegenüber Julius Kardinal Döpfner (1913–1976) begründete die Priorin ihr Klosterprojekt am 22. Januar 1962 wie folgt: »Ein Ort, wo so gefrevelt wurde, wo so viele Menschen Unsagbares gelitten haben, darf nicht zu einer neutralen Gedenkstätte oder gar zu einem Besichtigungsort erniedrigt werden. Es sollte dort stellvertretende Sühne geleistet werden durch das Opfer unseres Herrn Jesus Christus und, verbunden damit, durch die Opfer und die Sühne von Menschen, die sich diesem leidenden und sühnenden Herrn in Liebe und Gehorsam anschließen. – Der Orden des Karmel ist in besonderer Weise zu opferndem und sühnendem Gebet berufen.«

Am 1. August 1962 erteilte Kardinal Döpfner die Genehmigung zur Klostergründung. Neuhäusler kümmerte sich um Spenden für das von ihm so benannte Sühnekloster und trieb das Bauprojekt voran. In Bittbriefen forderte er dazu auf, auch auf diese Weise Sühne zu leisten für die von Deutschen in Dachau und anderswo begangenen Sünden. 1962 wurde dem Architekten Josef Wiedemann (1910–2001) der Auftrag erteilt. Er führte dieses Projekt gemeinsam mit Rudolf Ehrmann und Oswald Peithner als Bauleiter aus.

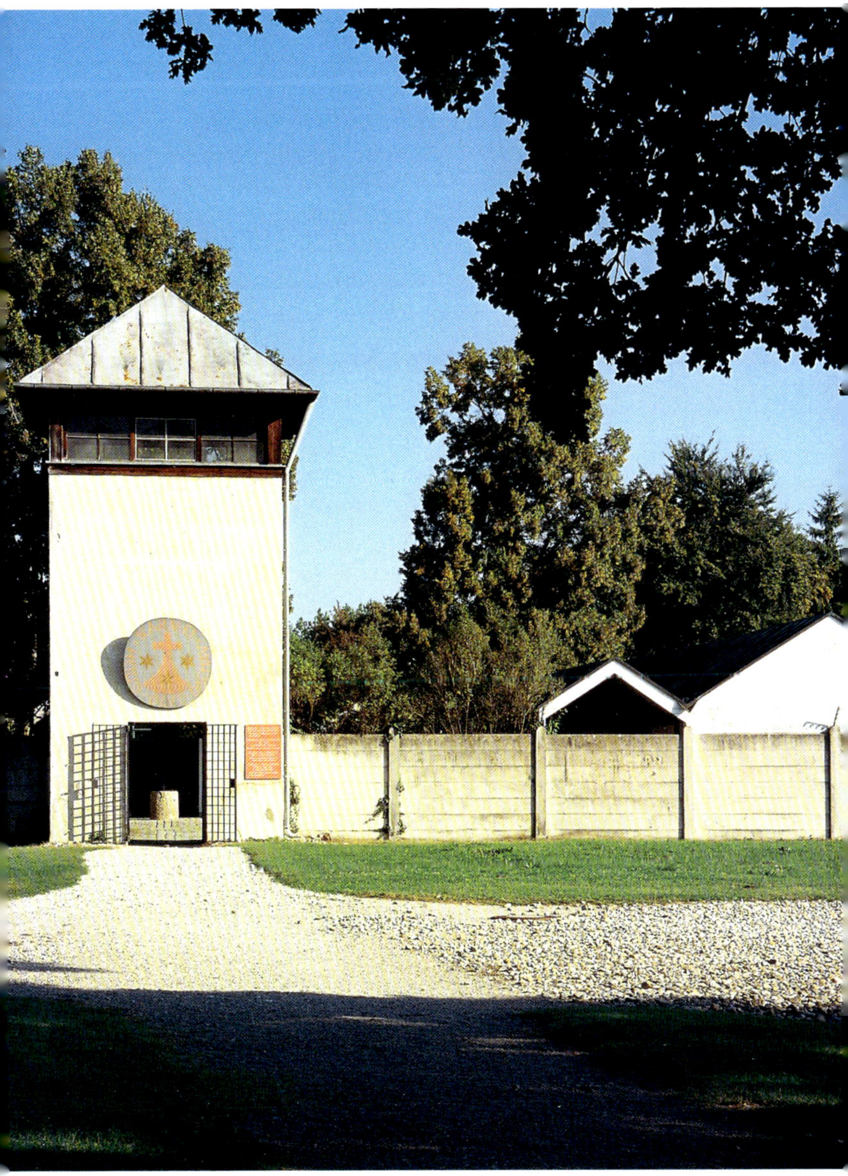

Ehemaliger Wachturm als ein Zugang zum Karmel Heilig Blut

Zunächst erwog man einen Klosterbau im Bereich der Lagerbaracken. Bald jedoch schlug Neuhäusler ein Areal nördlich des einstigen Schutzhaftlagers vor. Allerdings war dort die Beschaffenheit des Baugrunds problematisch; deshalb und wegen der Gesamtproportionen der Gedenkstätte wurde das Kloster nur eingeschossig ausgeführt. Die Grundsteinlegung des Karmels fand am 28. April 1963, am Vorabend des Befreiungstages, statt. Neuhäusler reagierte hier auf Rolf Hochhuths kirchenkritisches Schauspiel »Der Stellvertreter«. Er äußerte, nur Selbsterkenntnis, ehrliches Schuldbekenntnis und Sühne würden helfen, »den vom deutschen Volk aufgetürmten Riesenberg von Schuld« abzutragen.

Architekt Wiedemann studierte die Ordensregeln, besuchte Karmelitinnenklöster, informierte sich über die zu Gebet und Schweigen verpflichtete Gemeinschaft. Zugleich war erwünscht, dass hier der *Genius Loci* und Bedürfnisse des modernen Lebens berücksichtigt würden. Wie es in einem zeitgenössischen Zeitungsbeitrag heißt, plante man eine »offene und eine geschlossene Welt unter gemeinsamem Dach«. Anfänglich sollte der streng abgeschlossene Karmel mit einer Wallfahrt (wohl zu der Madonna aus der einstigen Lagerkapelle) und einer Pfarrei verbunden werden.

Mutter Maria Theresia siedelte im September 1964 mit einigen Schwestern nach Dachau über. Sie legten beim Bau mit Hand an. Für ihre Gemeinschaft wurde der Sühnegedanke prägend. Die Karmelitinnen wollten durch ihre Präsenz und durch ihr Gebet beständig der Opfer gedenken und stellvertretend für uns Sühne leisten. Sühne sollte als Versöhnungsgeschehen begriffen werden.

Bei der Einweihung des Klosters am 22. November 1964, in Anwesenheit vieler ehemaliger Häftlinge und hochrangiger Politiker, merkte Kardinal Döpfner kritisch an, das stille Beten der Schwestern sei nicht genug, weil auch in einer Demokratie Dinge geschähen, die dem Geist von Dachau nicht unähnlich seien. Die Schwestern sollten nicht nur Sühne leisten, sondern auch ihr Gebet in die Welt hinausschicken.

Die Baugestalt

Die geistige Verbindung mit dem Leid der KZ-Insassen fand auch topografisch Ausdruck: Der kreuzförmige Klosterbau grenzt mit seinem Vorhof unmittelbar an das einstige Häftlingslager. Dass die Großform der Anlage den Kreuzestod Christi verkörpert, hat ihr Architekt Wiedemann wie folgt ausgedrückt: »Die Zellen lagern sich um den Altar wie eine Herde um ihren Hirten. Das Ganze wächst zusammen zu einer Gestalt: Die Zellen sind die Arme; der [nördlich angrenzende] Kreuzgang das Haupt; die Kapelle mit dem Chor der Leib; der Opferaltar mit dem Tabernakel das Herz; Pforte und Pfarrhaus die Füße, welche die Lagermauer berühren. Die Gestalt ist das Kreuz.«

Das Kloster greift die Ausrichtung der Lagerstraße als seine Mittelachse auf. Um dies zu verdeutlichen, hat man statt der zunächst geplanten seitlichen Zugänge den nördlichen Wachturm des Lagers durchbrochen. Dies ist ein sprechender, aber auch denkmalpflegerisch problematischer Gestus. (Bereits 1947 war in Flossenbürg ein Lagerwachturm durch Einbeziehung in eine Kapelle

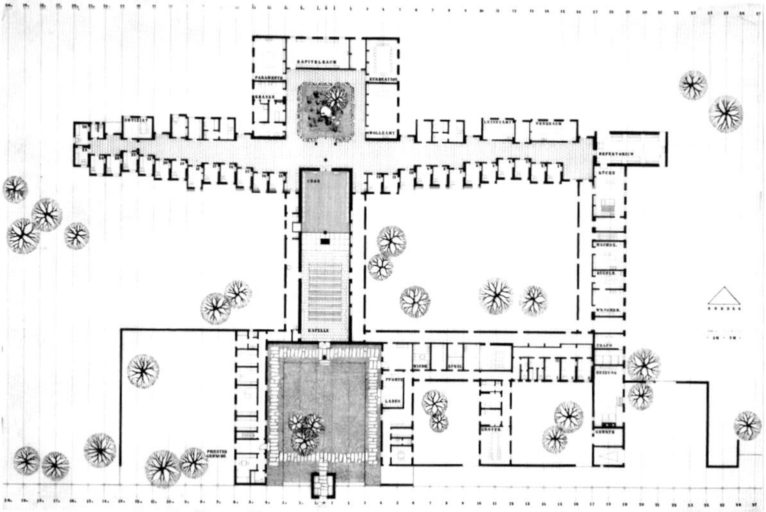

Karmel Heilig Blut, Grundriss (Büro Josef Wiedemann)

»sakralisiert« worden.) Zwischenzeitlich hatte man in den nördlichen Wachturm den Altar und liturgisches Gerät aus der Lagerkapelle von 1941 verbracht.

Beeinflusst von Modul- und Rasterplanungen in der zeitgenössischen Architektur (Mies van der Rohes IIT-Campus in Chicago, Le Corbusiers Dominikanerkonvent La Tourette) legte Wiedemann ein Grundmaß von 3,00 m Achsbreite für jede der 21 Schwesternzellen fest. Dieses wurde bestimmend für die gesamte Proportionalität des Dachauer Karmel. So haben die Gemeinschaftsräume das doppelte, der Chor der Kirche das dreifache Breitenmaß. Im Detail wich der Architekt jedoch von diesem Maßraster ab.

Kirchenbau war für Wiedemann keine zwanghafte Manifestation eines Morgen, sondern ein Dialog des Heutigen mit der Tradition, mit der Geschichte. Das Vorhandensein mehrerer baumbestandener Höfe und Gartenbereiche im Dachauer Kloster verrät, wie sehr er in einem schöpferischen Dialog mit Atrien und Kreuzgängen frühchristlicher und mittelalterlicher Kirchen stand. Geprägt durch die süddeutsche Bautradition, war Wiedemann ein Liebhaber sichtbar gezeigter Materialität (»Materialechtheit«, »Materialgerechtigkeit«). Sichtbeton sei im Sakralbau zulässig. Doch pries er gerade bei Backsteinwänden die feinteilige Tektonik, denn sie verleihe dem Bauwerk Maß und Ordnung.

Überall im Kloster begegnet man einer materialechten, elementar-reduktiven Formensprache: Böden aus Backsteinen und Dielen, einfachen Holztüren, geometrisch-kargen Möbeln, betont schlanken Stützen, ungegliederten, sockel- und gesimslosen Wänden aus Sichtbackstein oder weiß geschlemmtem Backstein sowie den knappen, die Lagerbaracken wie auch die Urform eines Hauses evozierenden Beton-Faltdecken. Wie andere damalige Architekten auch schätzte Wiedemann in den späteren 1950er- und in den 1960er-Jahren zeltartige Abschlüsse bei Sakralbauten. In der Kirche und in den Wohnbereichen des Klosters sind den Betondecken Fichtenbretter untergehängt. Die Faltwerke wurden außen lediglich mit Kupfer belegt. All dies sind Inszenierungen von Schlichtheit. Gerade das Einfache, Unprätentiöse vermittelt uns etwas von der Fülle der Leere.

Zugleich zielte Wiedemanns Architektur auf die Spezifika des Ordens: Er äußerte, die Räumlichkeiten »sollten dem einfachen

Karmel Heilig Blut, Bibliotheksraum

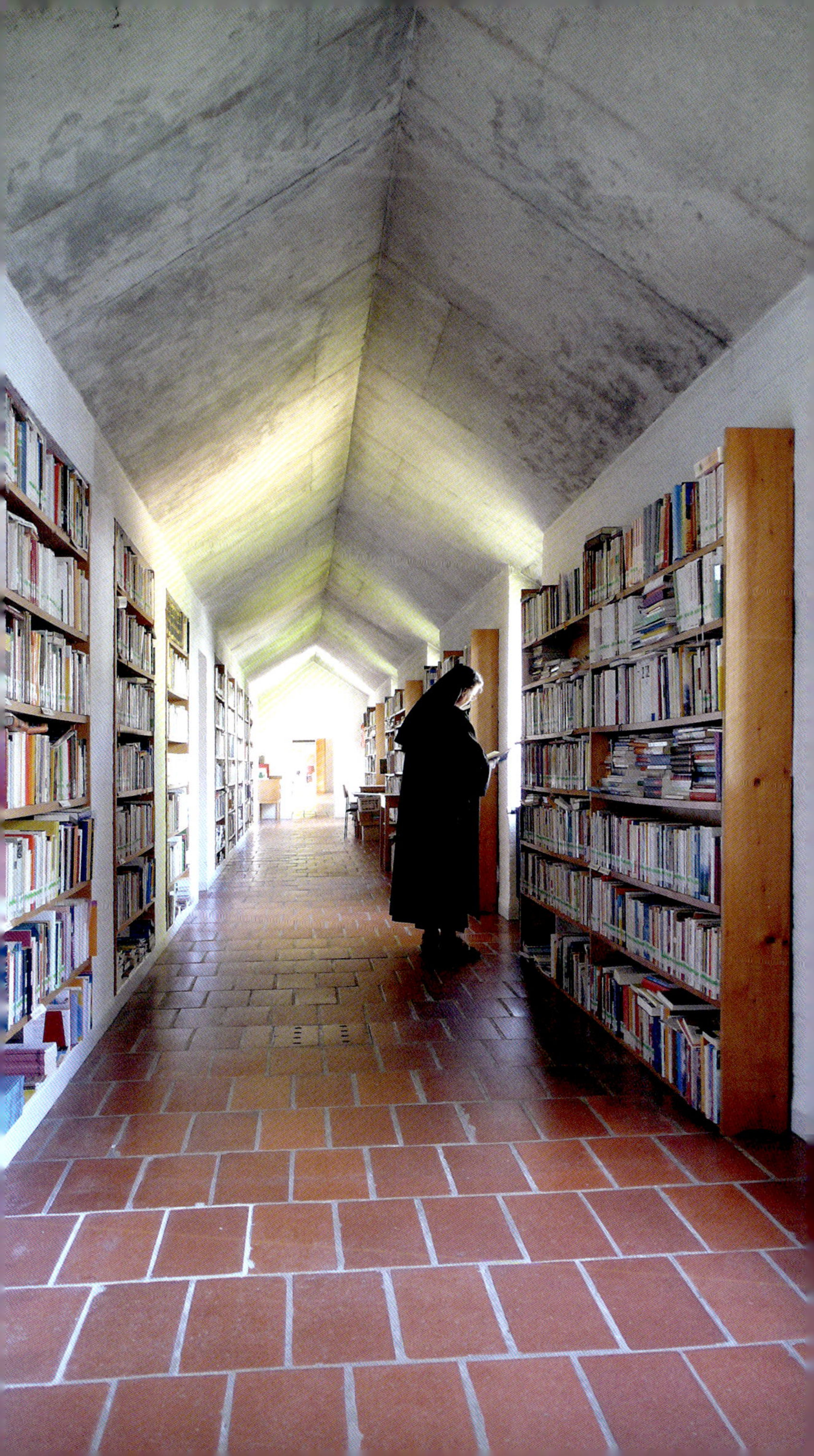

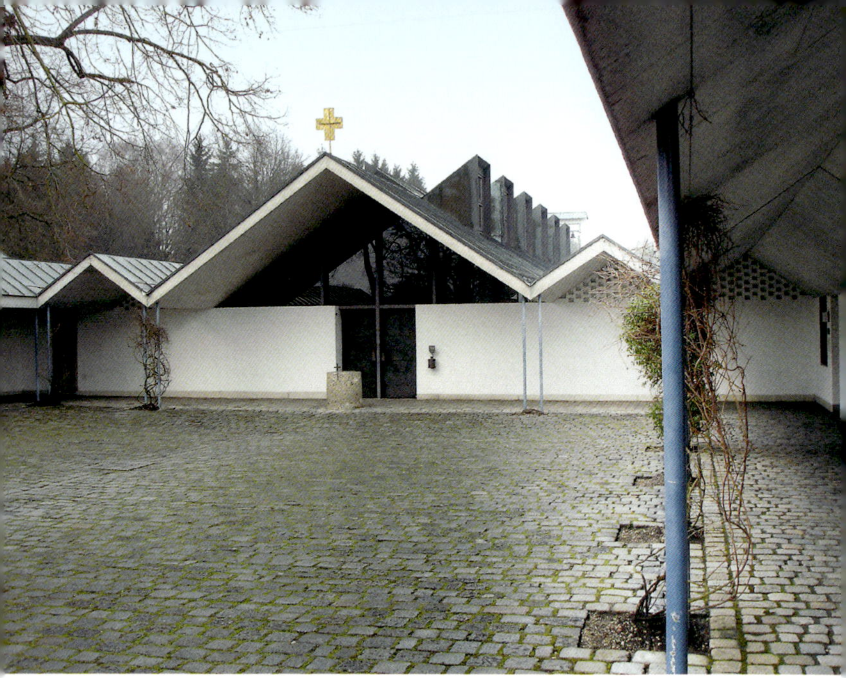

Karmel Heilig Blut, Vorhof mit Kirche

Habit gleichen wie ein zweites Gewand. […] Dieses Haus ist Gewand für Einsiedler, die ihre Hütten zusammengebaut haben.«
Das haben auch Architekturkritiker so gesehen: Das Kloster nehme die Umrisse der Lagerbaracken auf, transformiere diese aber in eine humane Ordnung von bewegter Schlichtheit und atmosphärischer Dichte; »[…] daß Architektur eine läuternde Wirkung haben kann, ist in diesem modernen Klosterbau fast physisch direkt zu erleben« (Gottfried Knapp).

Begeben wir uns auf einen Rundgang durch das Kloster. Verlässt man die weite Fläche der Gedenkstätte und passiert den nördlichen Lagerwachturm, erreicht man den annähernd quadratischen, sorgsam gepflasterten, stillen Vorhof des Klosters. Dünnlinige Stahlstützen tragen die flächigen, nordsüdlich verlaufenden Beton-Faltdächer des Umganges. Linker Hand befindet sich die Wohnung des Priesters, rechts das Pfortenhaus mit dem Klosterladen (von dort gelangt man zu den Gästeräumen und Sprechzimmern, die um einen eigenen Pfortenhof liegen). In einer Vitrine werden ausgewählte Erinnerungsstücke und liturgisches Gerät aus der Lagerkapelle präsentiert. Nahe der Nordwestecke des Hofes steht die von Niederländern gestiftete, figürlich-abstrahierende Gedenkplatte für den sel. Titus Brandsma (1881–1942) und die niederländischen Opfer des KZ Dachau. Dargestellt ist der hl. Josef, Patron der Sterbenden.

Meist fallen die Blicke der Besucher direkt auf das gläserne Giebelfeld der Kirche. Dass dieser karge, lang gestreckte Kirchensaal an beiden Schmalseiten verglaste Giebel aufweist, war für Wiedemann ein im ursprünglichen Wortsinn transitorisches Motiv: So werde deutlich, dass die Achse des Häftlingslagers »durch die ganze Tiefe des Karmel hindurchführt in eine andere Dimension«. In Auseinandersetzung mit den »Lichtkanonen« Le Corbusiers (1887–1965) erhielt die Kirchendecke zudem gaubenartig aufgesetzte Lichtöffnungen. Die Einheitlichkeit der Lichtführung und

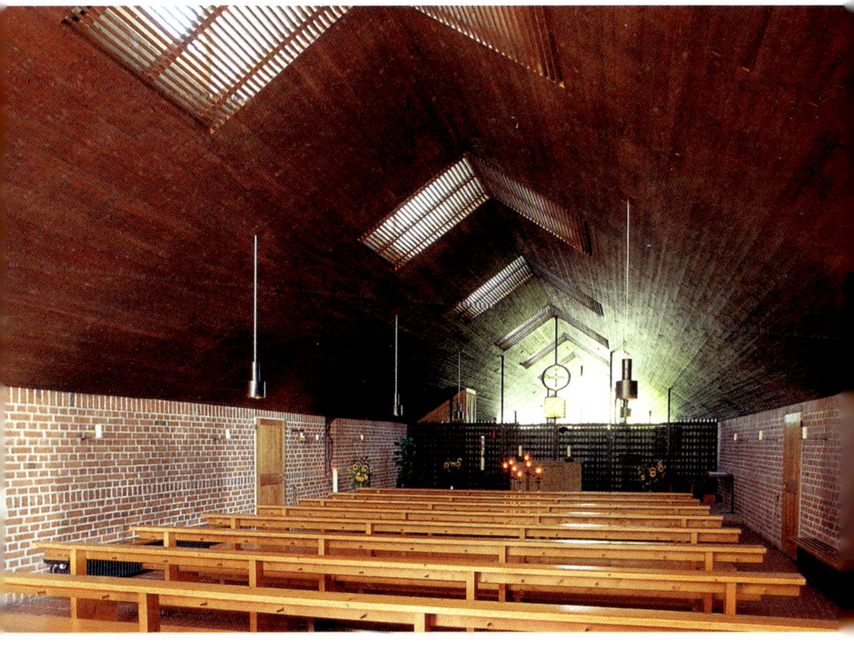

Karmel Heilig Blut, Kirchenraum

Deckengestaltung unterstreicht das hier verfolgte Einraumprinzip: Trotz eines 12 m breiten, kunstvoll geschmiedeten Trenngitters (Manfred Bergmeister nach Entwürfen von Blasius Gerg) sind alle Feiernden, Schwestern wie Laien, gemeinsam versammelt. Dazu passt, dass der mittig dem Gitter aufgesetzte Tabernakel (Blasius Gerg) von den Schwestern und den Gottesdienstbesuchern gleichermaßen gesehen werden kann.

Der den Laienbereich abschließende Blockaltar aus Nagelfluh birgt seit 1970 einen Teil des Altares der einstigen Lagerkapelle in Baracke 26. Diese »reliquienhafte« Übertragung und die in einer Nische der Westwand aufgestellte Madonna aus derselben Lagerkapelle verbürgen die christliche Präsenz am Ort des KZ Dachau. Die geschnitzte Muttergottes mit Kind war im Frühjahr 1943 als eine Stiftung von Salvatorianern ins Lager gelangt. »Unsere liebe Frau von Dachau« wurde den hier inhaftierten Priestern zu einem trostbringenden Gegenüber. Diese Bindung blieb auch nach der Befreiung bestehen: Weihbischof Neuhäusler, einst »Sonderhäftling« in Dachau, wurde seinem Wunsch entsprechend in der Kirche des Karmels im Angesicht der verehrten Lagermadonna bestattet. Architekt Wiedemann hatte sich lange gegen die Übernahme der Madonna in die Kirche gesträubt – aus stilistischen Gründen. Auf ihn dürfte zurückgehen, dass die Skulptur bei der Aufstellung in der Karmelkirche ihre Farbfassung verlor.

Der rechteckige Schwesternchor und die weiteren Teile der Klosteranlage sind als Klausurbereich für Besucher unzugänglich. Verlässt man den Nonnenchor im Norden, befindet man sich unter einem schlichten Glockenträger. Im Sinne der Bestimmung dieses Klosters birgt dieser jene Glocke, die während der NS-Zeit im Gefängnis und Hinrichtungsort München-Stadelheim zum Totengeläut diente. Hier setzt ein überdachter Gang an, der in west-östlicher Richtung weit auslädt (»Anger«). An diesen grenzen nach Süden (zum Sonnenlicht, zum Lager hin) die Zellen der Schwestern. Ihre Grundriss-Rechtecke sind jeweils leicht gegeneinander verschoben, was den Baukörper gewissermaßen in Bewegung bringt. Der Angergang ist in Nord-Süd-Richtung mit kurztaktig gesetzten, gefalteten Sichtbetondecken überspannt, während sich in den kargen Schwesternzellen entsprechende holzverkleidete Decken finden. Am Westende des »Angers« liegt das Noviziat, am Ostende

Karmel Heilig Blut, Madonna in der Kirche

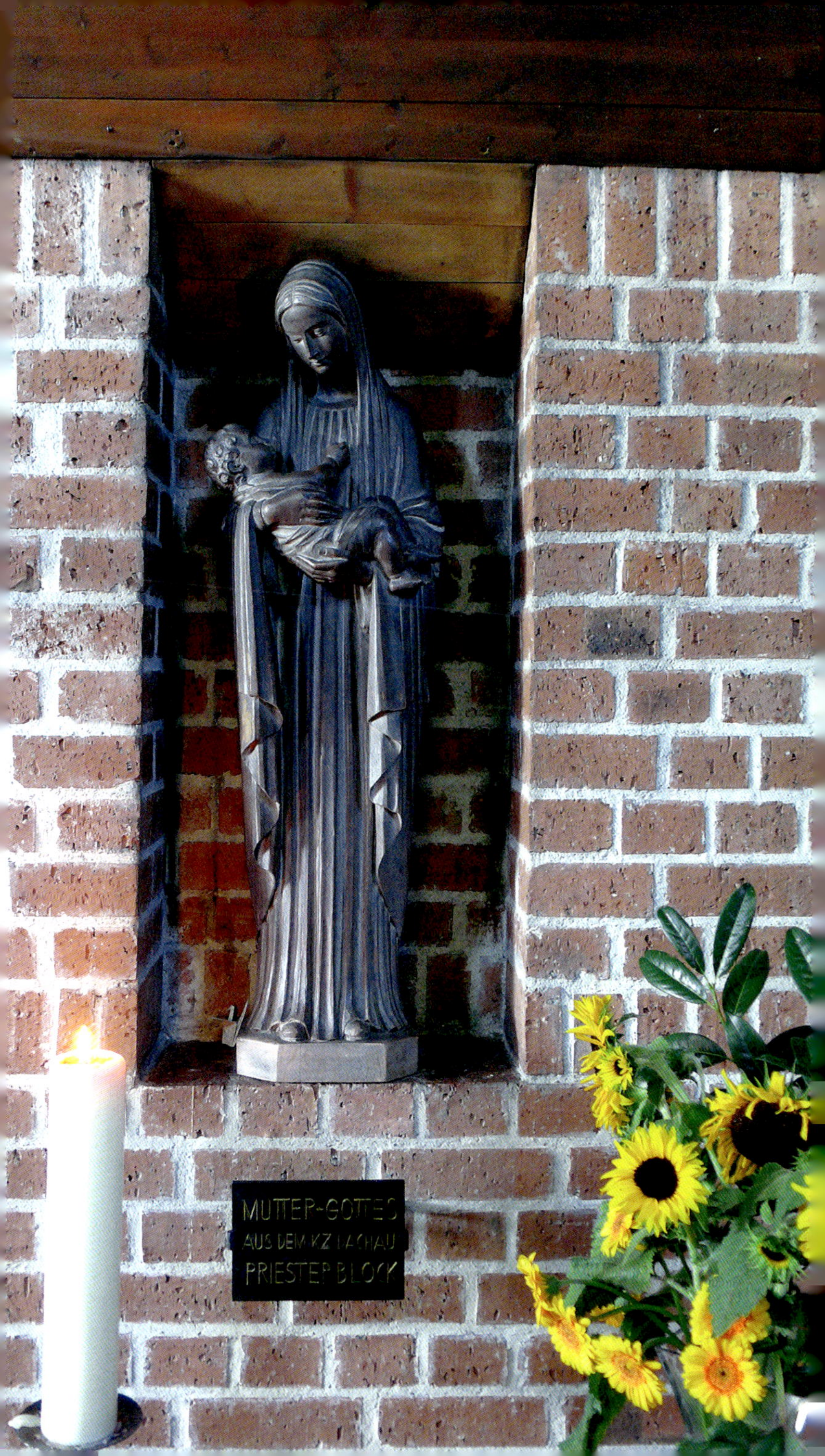
MUTTER-GOTTES
AUS DEM KZ DACHAU
PRIESTER BLOCK

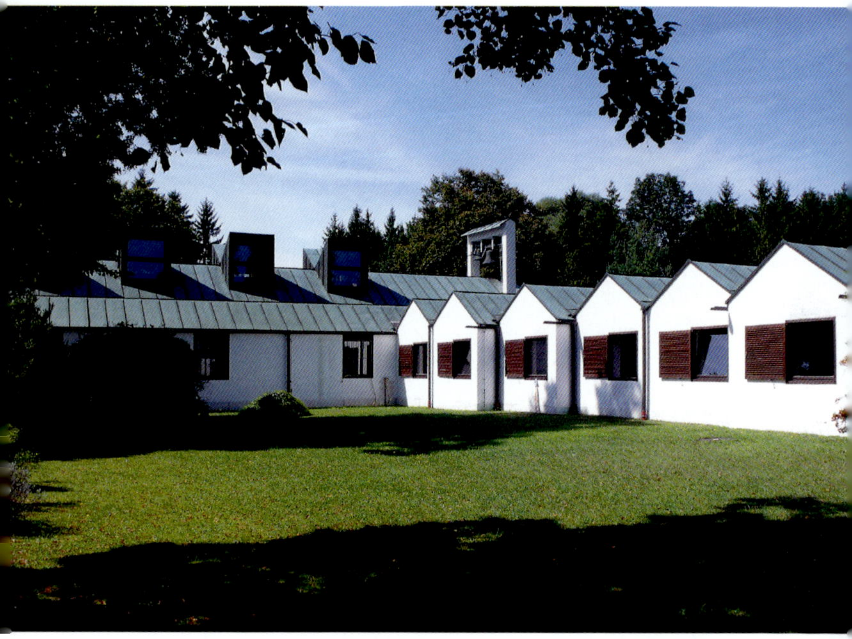

Karmel Heilig Blut, Flügel mit den Schwesternzellen

das Refektorium. Gegenüber des Nonnenchores schließt an den »Anger« ein rechteckiger Kreuzgang (»Quadrum«) an. In dessen Mitte befindet sich ein kleiner Garten. Um diesen Kreuzgang liegen zentrale Funktionsräume des Klosters: der Kapitelsaal, die Rekreation und der Krankenbereich. In den späteren 1970er-Jahren wurde vom Büro Wiedemann ein Meditationsraum angefügt. Nördlich des Klosters erhebt sich der kreuzüberhöhte Friedhofshügel der Schwestern.

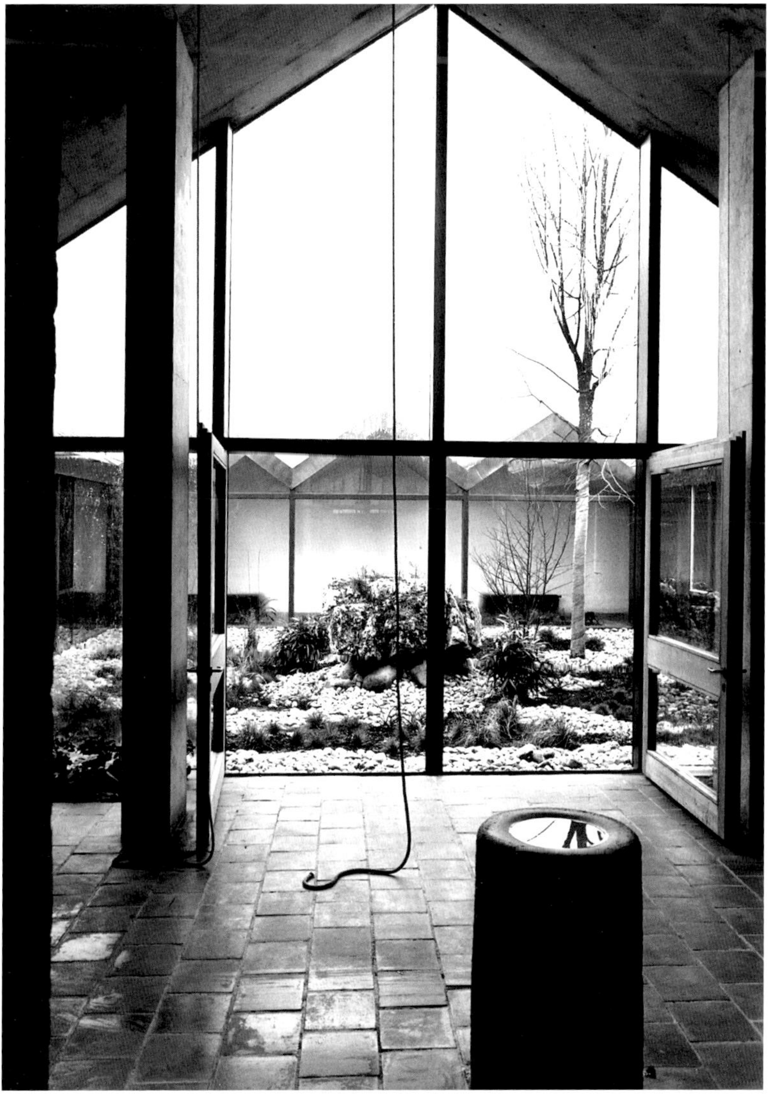

Karmel Heilig Blut, Blick in den Kreuzganghof (um 1964)

DIE EVANGELISCHE VERSÖHNUNGSKIRCHE (1967)

Die Planungs- und Baugeschichte der Kirche

Als Anfang November 1959 das Internationale Dachau-Komitee dem Vorschlag Weihbischof Neuhäuslers (1888–1973) zustimmte, am Nordende des einstigen Häftlingslagers die geplante Todesangst-Christi-Kapelle mit Bauten der evangelischen Christen und der Juden zu flankieren, gab es Diskussionsbedarf. Die 1961 mit dieser Angelegenheit befasste Evangelische Kirche in Deutschland (EKD) zögerte: Viele Protestanten hatten die »Machtergreifung« 1933 begrüßt und die NS-Verbrechen widerspruchslos hingenommen; auch gab es bisher keinen spezifisch protestantischen Gedenkbereich in einem ehemaligen Konzentrationslager – und nun sollte ein solcher Ort ausgerechnet im katholischen Bayern entstehen? Bestenfalls schien ein bescheidenes, umfriedetes Sühnekreuz angemessen.

Der Anstoß zum Bau einer evangelischen Kirche ging schließlich von niederländischen Protestanten aus. Im Sommer 1961 vermisste ein niederländischer Pfarrer einen Ort, an dem er seines Bruders gedenken konnte, der im Pfarrerblock gelitten hatte und gestorben war. Das »Nederlands Dachau Comité« um Dirk de Loos (1917–1990) setzte sich seit dieser Zeit mit Nachdruck für das Bauprojekt ein. Hochrangige Vertreter der EKD wie der Ratsvorsitzende Kurt Scharf (1902–1990) und Ernst Wilm (1901–1989), selber Verfolgte des NS-Regimes, waren bald von der Notwendigkeit einer evangelischen Gedenkkirche überzeugt. Doch prüfte man 1962 für eine solche »Sühnekirche« zunächst alternative Standorte, vor allem im protestantischen Bergen-Belsen. Dort jedoch baten jüdische Verbände, die Ruhe der Toten nicht durch Baumaßnahmen zu stören. Im Januar 1963 erklärten sich die niederländischen Protestanten für eine Kirche und zwar in Dachau. Sie hatten zunächst eine Kapelle neben der einstigen Pfarrerbaracke 26 vorgeschlagen, seit Ende 1962 wollten sie den Dachauer Kirchenbau von einem Landsmann,

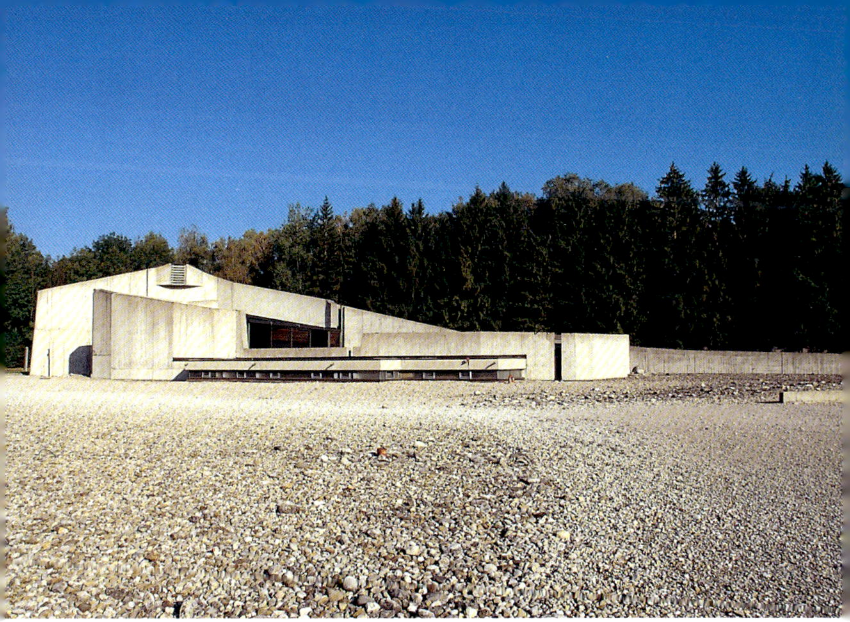

Evangelische Versöhnungskirche, Gesamtansicht von Südwesten

dem Architekten Piet Zanstra (1905–2003), planen und errichten lassen. Hingegen favorisierte der Münchner Landeskirchenrat 1962/63 weiterhin einen Platz mit Kreuz. Doch nicht nur die Aktivitäten der Niederländer, sondern auch die Weihen zweier katholischer Gedenkkirchen (Maria Regina Martyrum in Berlin und Maria Regina Pacis auf dem Leitenberg bei Dachau, am 5. Mai bzw. 31. Juli 1963) zwangen die EKD und die bayerische Landeskirche zum Handeln.

Am 9. November 1963, dem 25. Jahrestag der »Reichskristallnacht«, verkündete der Rat der EKD in der kleinen Gnadenkirche auf dem Dachauer Appellplatz die Absicht, in Dachau einen Kirchenneubau zu errichten. Dieser solle dem Gedenken aller Opfer der nationalsozialistischen Herrschaft dienen. In Anbetracht der Schuld wolle man sich hier zu Buße und Umkehr mahnen lassen, die Vergebung Gottes suchen, sich zur Versöhnung rufen lassen. Das in diesem Zusammenhang formulierte Konzept einer »Sühne-Christi-Kirche« wurde bald als zu uneindeutig fallen gelassen. Die involvierten ausländischen Protestanten und ehemaligen KZ-Häftlinge machten deutlich, dass es für sie hier nun wirklich nichts zu sühnen gäbe; sie wünschten einen Erinnerungsort an ihre Toten.

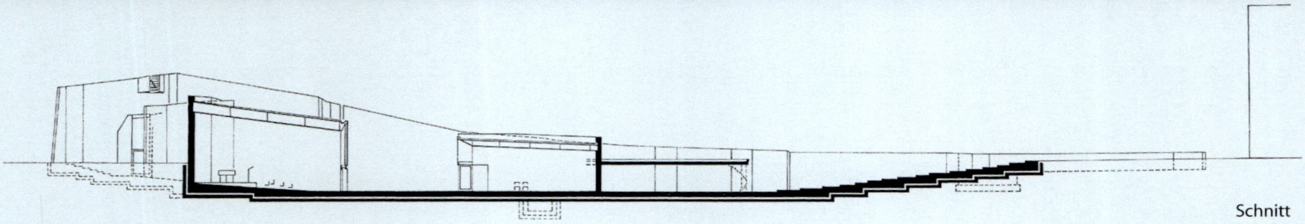

Schnitt

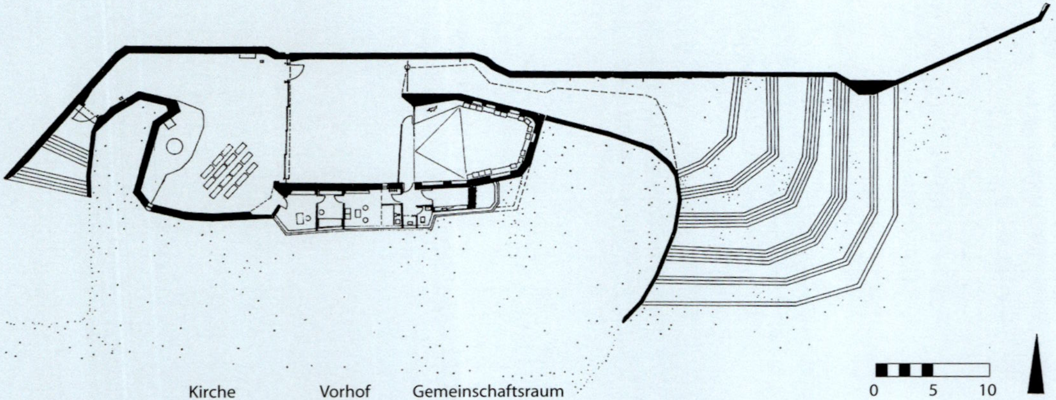

Grundriss

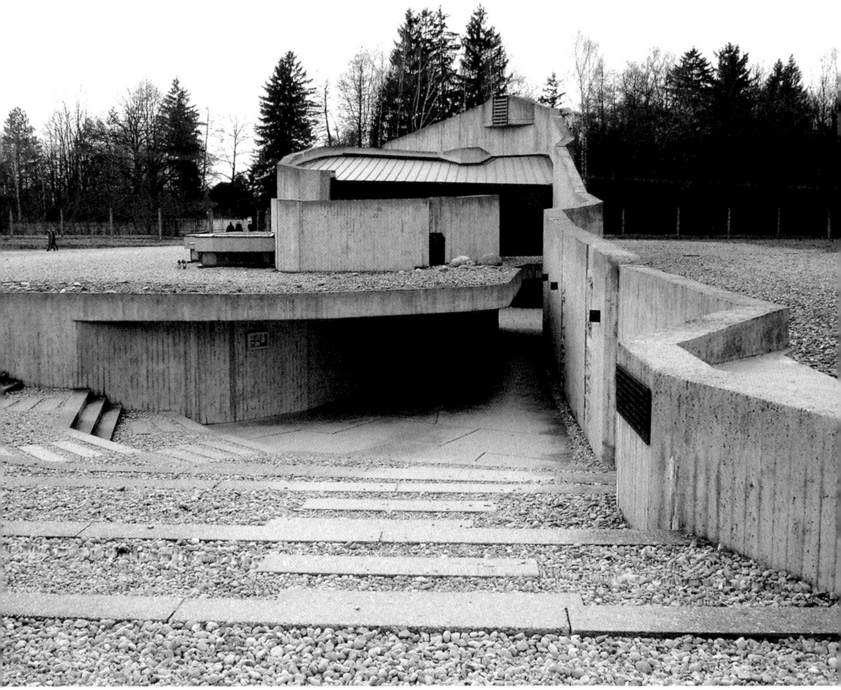

Evangelische Versöhnungskirche, Gesamtansicht und Zugangsbereich von Osten

Es folgte ein komplizierter Prozess der Namensfindung: »Buß- und Bittkirche«, »Gericht- und Gnadekirche«, »Jesus-Christus-Kirche« wurden verworfen; schließlich fand man den sehr zielgeleiteten Namen »Versöhnungskirche«.

Vorbereitet durch den Arbeitsausschuss des Evangelischen Kirchbautages, kam es 1964 zu einem beschränkten Wettbewerb unter sieben Architekten. Gefordert war eine Lösung für Andacht und Gottesdienst: ein platzmäßig variabler Gottesdienstraum mit Sakristei, ein 75 Personen fassender Versammlungsraum für Vorträge und Aussprachen sowie ein Dienstzimmer und weitere Annexräume. Dass sich hier eine kirchliche Gemeinde sammeln würde, war erwünscht, Details blieben jedoch offen. Als Respektsbezeugung gegenüber den niederländischen Initiatoren wurde der Architekt Zanstra zum Wettbewerb eingeladen.

Am 24. Juli 1964 wurde der Entwurf des jungen Mannheimer Architekten Helmut Striffler zur Ausführung bestimmt. Striffler (Jahr-

Evangelische Versöhnungskirche, Grundriss und Schnitt (Büro Helmut Striffler)

gang 1927, also ein Vertreter der »Flakhelfergeneration«) hatte an der TH Karlsruhe bei Egon Eiermann (1904–1970) und Otto Ernst Schweizer (1890–1965) studiert, an Eiermanns Pforzheimer Matthäuskirche mitgearbeitet und war bereits durch seine zeichenhaft-gefalteten Mannheimer Kirchen und Kirchen/Gemeindehausgruppen aus Beton bekannt (Trinitatiskirche, Versöhnungskirche Rheinau, Kirche auf der Blumenau). Im Dachauer Wettbewerb hatte er sich souverän gegen arrivierte evangelische Kirchenbauer durchgesetzt; genannt seien nur Dieter Oesterlen (1911–1994) und Egon Eiermann, der seine wabenförmig durchlichtete Bautengruppe auf die Krematorien ausgerichtet wissen wollte. Doch ging es hier nicht allein um Strifflers meisterlichen Entwurf: Der Vorsitzende des Preisgerichts, Horst Linde (geb. 1912), hatte sich intensiv mit französischen Betonkirchen auseinandergesetzt; auch regte sich in den 1960er-Jahren vielerorts Kritik an einem rigiden Baufunktionalismus, weswegen es vermehrt zu organischen und expressiv gefalteten Raumlösungen kam. Weil Strifflers Bauplanung zu groß ausgefallen schien, musste diese nach intensiven Diskussionen, auch und gerade mit Weihbischof Neuhäusler, in ihrer Höhe um 50 cm reduziert werden. Die Baueingabepläne waren im Februar 1965 fertiggestellt.

Die Grundsteinlegung der Versöhnungskirche wurde am 8. Mai 1965 (einen Tag vor der Eröffnung der KZ-Gedenkstätte) durch Kurt Scharf vollzogen. Mitwirkende waren die einstigen Dachau-Häftlinge Ernst Wilm und Dirk de Loos. Geldspenden kamen aus der gesamten deutschen evangelischen Christenheit, aber auch die protestantischen Kirchen in Holland, Frankreich, Polen und in der Tschechoslowakei haben für diesen Bau gesammelt. In seinem Spendenaufruf vom 9. November 1963 thematisierte Wilm auch das Versagen der Evangelischen in der NS-Zeit und bedauerte, dass es trotz entsprechender Bemühungen in Dachau nicht zu einem gemeinsamen, überkonfessionellen Erinnerungsort gekommen sei. Der EKD-Ratsvorsitzende Kurt Scharf benannte 1964 in einem Spendenaufruf als Motive für den Kirchenbau die Reinigung von Schuld und die Aussicht auf Versöhnung. Die Versöhnungskirche wurde laut Beschluss des Rates der EKD als Gedenkstätte für alle Opfer der nationalsozialistischen Gewaltherrschaft und als »Mahnmal zu Versöhnung und Frieden« errichtet. In einem um 1967 publizierten Spendenaufruf heißt es: »Die Kirche soll dazu helfen, daß

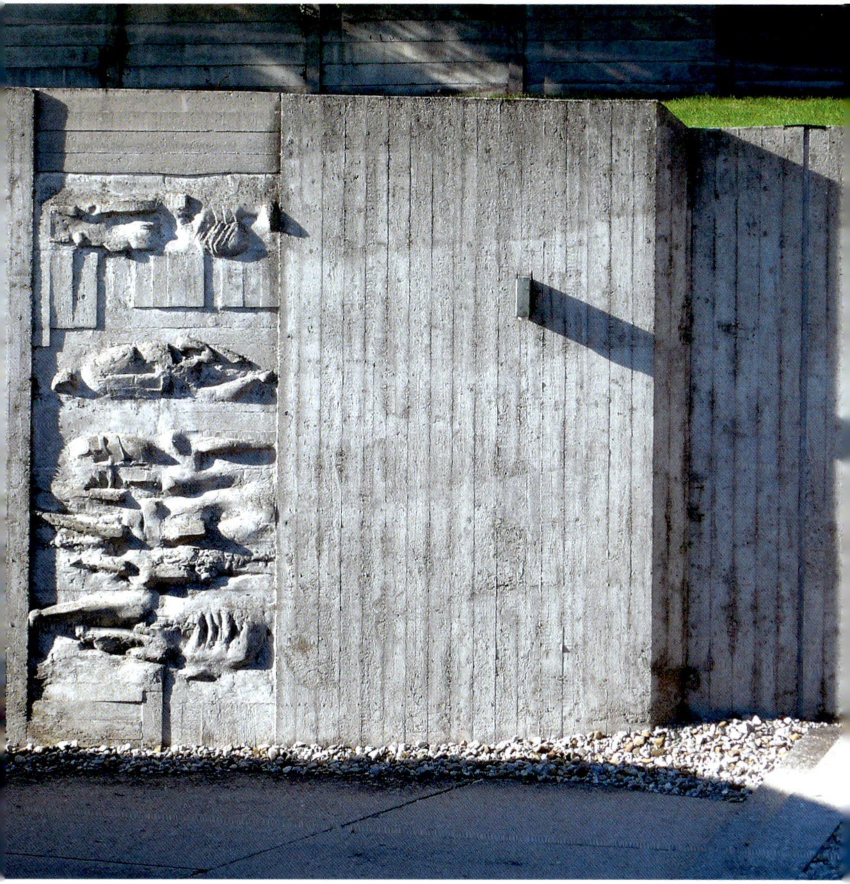

Evangelische Versöhnungskirche, Betonrelief (Hubertus von Pilgrim)

der Besuch einer solchen Stätte des Grauens nicht nur Erschütterung auslöst, sondern auch Besinnung und vertiefte Bereitschaft weckt zur Versöhnung und Verantwortung für alle Menschen.«

Die Versöhnungskirche wurde am 30. April 1967 von dem bayerischen Landesbischof und neuen EKD-Ratsvorsitzenden Hermann Dietzfelbinger (1908–1984) eingeweiht. Kurt Scharf äußerte in seiner Ansprache, Gott habe das Flehen und die Gebete aus dem

KZ erhört und vielen geholfen, »Gott vergibt auch grauenvolle Schuld«. Martin Niemöller (1892–1984), »Sonderhäftling« im KZ Dachau und Mitverfasser der Stuttgarter Schulderklärung, spielte in seiner Predigt auf die NS-Täterschaft, aber auch auf zeitaktuelle Krisen an. Er unterstrich, dass Versöhnung nicht passivisch erwartet werden könne, sondern (nach Jesu Vorbild) aktiv erstrebt werden müsse.

Seit ihrer Einweihung ist die Versöhnungskirche Gedenk-, Gesprächs-, Gottesdienst- und auch Zufluchtsort. Bis 1978 wirkte hier der ehemalige Dachau-Häftling Christian Reger (1905–1985) als Pfarrer, von 1981 bis 1984 der in der NS-Zeit wegen seiner jüdischen Herkunft verfolgte Hans-Ludwig Wagner (1913–1993). Man bot Sinti und Roma bei einem Hungerstreik Obdach, hier fand das Denkmal für die homosexuellen Dachau-Opfer eine erste, provisorische Bleibe.

Baugedanke und Architektur

Ähnlich den Entwürfen Nandor Glids für das Mahnmal auf dem Appellplatz (1959, 1965) und ähnlich der jüdischen Gedenkstätte (Planungen seit 1962) ist die Versöhnungskirche in den Boden des Dachauer Lagers eingetieft. Prägend waren dabei Helmut Strifflers Kriegserfahrungen: die Todesangst, wenn eine Deckung, ein rettender Straßengraben fehlt. Zugleich sind auch das »Versinken vor Scham« und der Wunsch nach Bergung gemeint. Indirekt stehen solche Gesten für die Kritik der damals Jüngeren am traditionellen Erscheinungsbild von Denkmälern. Zudem gab es seit Ende der 1950er-/Anfang der 1960er-Jahre eine neue Qualität der Auseinandersetzung über die Rolle der Kirchen im »Dritten Reich«. Monumentalität schien deshalb fehl am Platz.

Bei der Versöhnungskirche handelt es sich um eine Abfolge von Räumen, die wegartig zu durchschreiten sind. Für Striffler gingen Bauform und leibliche Raumerfahrung zusammen: »Die Gebäude sind nicht nur physisch da, sondern an allen Tätigkeiten und Ereignissen sind sie wie Partner beteiligt.« Der Architekt war davon überzeugt, »dass ein äußerliches Zur-Ruhe-Kommen die Voraussetzung

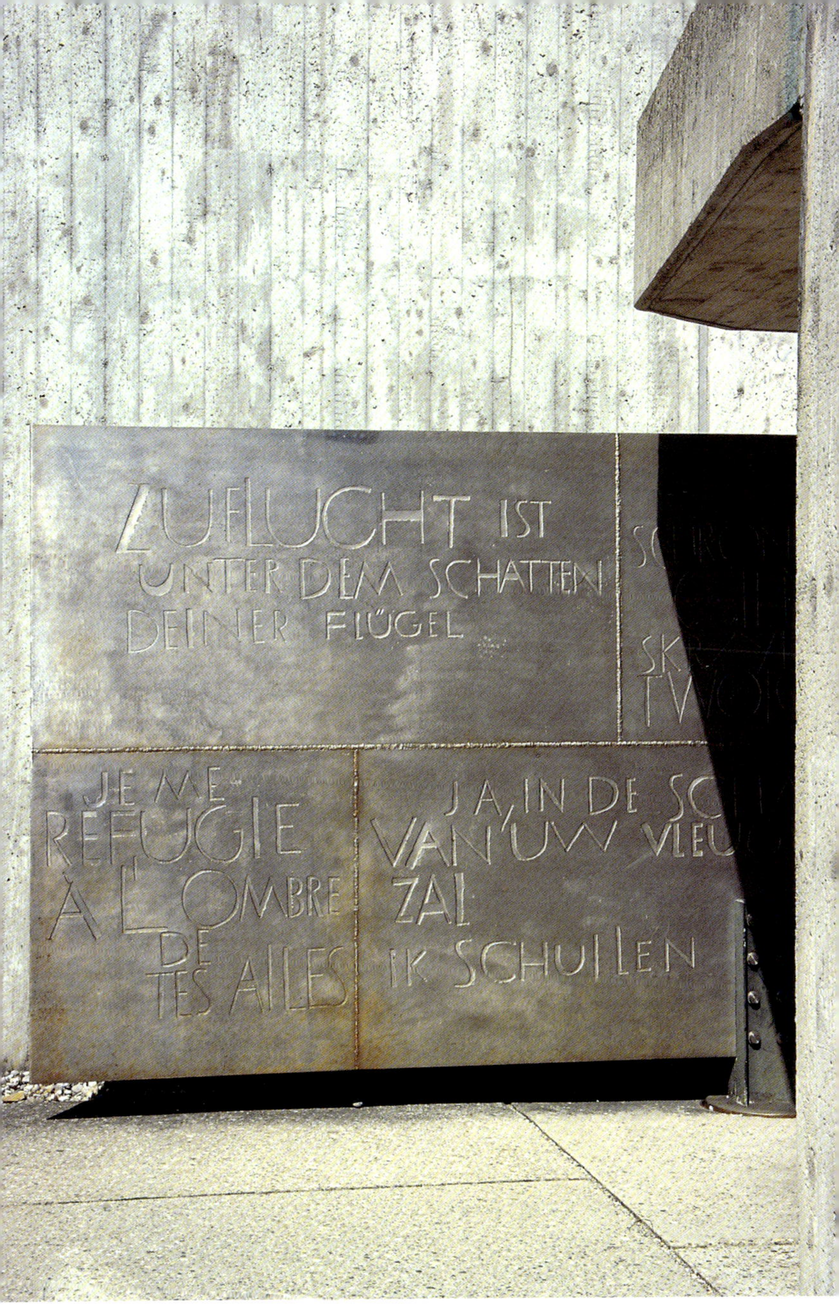

Evangelische Versöhnungskirche, schwenkbares Stahltor im Hof (Fritz Kühn)

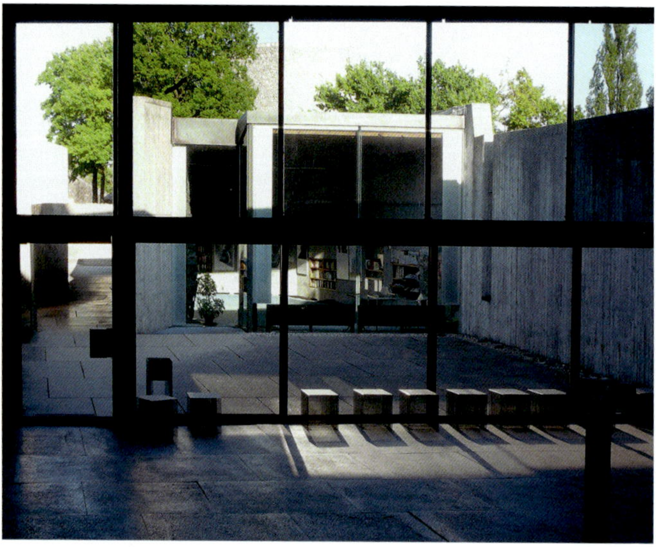

Evangelische Versöhnungskirche, Blick aus der Kirche über den Innenhof in den Gesprächsraum

für Besinnung und Gebet ist«. Das Bauwerk vermeidet rechte Winkel, was eine demonstrative Abkehr sowohl vom Geometriegebot der Funktionalisten als auch von der Architektur des Konzentrationslagers Dachau ist. Striffler wörtlich: »Rechtwinkligkeit war mir nach soviel Mißbrauch für ein Bauwerk im Lager unmöglich erschienen. Ich hielt es zunächst überhaupt für unerreichbar, etwas zu bauen, ohne dabei in den Sog dieser Rechtwinkligkeit zu kommen. Was da zu bauen war, mußte ohne jede Monumentalität bleiben und dabei aber gleichzeitig die primitive Gesetzmäßigkeit der Lagerwelt überwinden. Die Gestalt der Versöhnungskirche ist daher eine Antwort, ein Gegenort zu all den Einrichtungen des Terrors. Sie ist als eine lebendige Spur in die unbarmherzige Fläche des Lagers eingegraben, als eine bergende Furche gegen das unmenschliche Ausgesetztsein, das man auch heute immer wieder spürt, wenn man durch das Lager geht.«

Dass ein solcher Bau »weit entfernt [sein musste] von allem, was normalerweise Kirche ist«, spürte Striffler schon nach der ersten Begehung des Geländes. Auf seinen damaligen Skizzen finden sich bereits Grundzüge, allerdings noch ohne den westlichen Ausgang. Der realisierte Bau zeigt zwei »Mauer«-züge aus schalungsrauem Sichtbeton. Diese buchten unterschiedlich aus, schaffen so Konturen im Gelände, Gänge und Räume (deren Decken holzverschalte Stahlbinder sind). Der Architekt bekannte sich zur »Dynamik einer organischen Raumbildung«. Dass sich diese weniger gerundet als polygonal gebrochen präsentiert, hängt mit den bereits genannten Bauten Strifflers im Großraum Mannheim und anderen »neoexpressionistischen« Betonkirchen dieser Zeit zusammen.

Die nördliche Betonmauer der Versöhnungskirche vermittelt als gebauter Gestus hinüber zur Todesangst-Christi-Kapelle. Striffler hätte sie gerne noch deutlicher ausgeprägt gesehen. Dass diese quasi aus dem Boden herauswächst, ist mit der Manchinger Friedenskirche vergleichbar. Von der Lagerstraße kommend, finden die

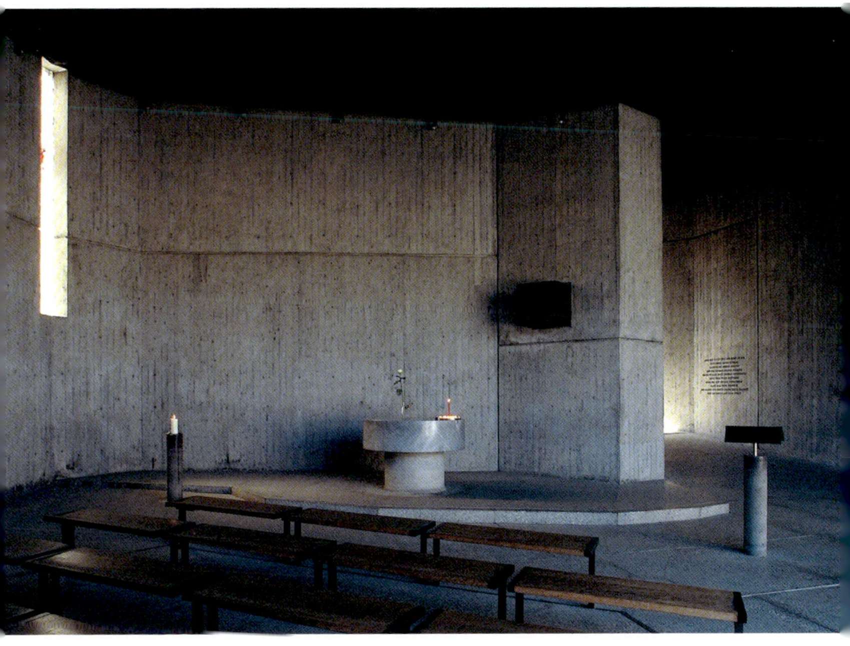

Evangelische Versöhnungskirche, Gesamtansicht des Kirchenraumes

Besucher zunächst einen einladenden, trichterförmigen Treppenzugang. Sie passieren einen bedrängenden, schleusenartigen Bereich, bei dem trotz der weit vorkragenden Betonplatte immer ein begleitender, wegweisender Lichtspalt bleibt. Man gelangt sodann in einen annähernd rechteckigen Hof: Im Norden und Süden erheben sich hohe Betonwände, nur der Himmel sieht hinein. Zugeschaltet sind mittels raumbreiter Glas-Stahlwände im Osten ein muldenförmiger Gesprächsraum, im Westen eine karge Kirche mit wenigen Sitzbänken und kreisrundem Altar. Überall wirkt die Ästhetik der schalungsrauen, grauen Betonwände.

Der Gesprächsraum ist nutzungsneutral. Er birgt wandgebundene Bücherregale, bietet Flächen für Ausstellungen und wird als Winterkirche genutzt. Wie in St. Antonius in Basel und der Kapelle von Ronchamp fällt dessen Boden stark ab. Der Raum wird meist nach Osten hin genutzt. Manchmal, etwa an Heiligabend, wird die Sitzordnung der Einzelbestuhlung um 180 Grad gedreht: Dann fällt der Blick über den sternenüberzogenen Hof in die Kirche, die von Baum und Kerze spärlich erleuchtet ist.

Der Kirchenraum kann an besonderen Tagen durch Schiebetüren zum Hof hin erweitert werden. Er besteht aus einer Zone für den Besucherverkehr, der dem westlichen Ausgang entgegenstrebt, und dem eigentlichen, buchtartig geweiteten Andachtsbereich. Das Nebeneinander beider Funktionen führt zu gelegentlichen Irritationen bei Gottesdiensten. In Auseinandersetzung mit der Kapelle von Ronchamp wurde die Bestuhlung im Raum diagonal positioniert. Der Pfarrer kann seinen Standort an der Zahl der Besucher ausrichten; auch ist die Rundform sinnfällige Mitte bei Abendmahlsfeiern. Evangelische Christen aus Polen hatten der Kirche die Altarleuchter, die Niederländer das Abendmahlsgerät und die Orgel, die Tschechoslowaken das Altarpult, die deutschen Freikirchen den Altar gestiftet.

Innerhalb der Kirche steigt der Betonboden bereits wieder an. Auf dem Weg zum westlichen Ausgang wird man von den Worten des Psalms 130 begleitet: »Aus der Tiefe rufe ich, Herr, zu dir. Herr, höre meine Stimme. Lass Deine Ohren merken auf die Stimme meines Flehens. So du willst, Herr, Sünde zurechnen, Herr, wer wird bestehen? Denn bei Dir ist die Vergebung, dass man Dich fürchte. Ich harre des Herrn. Meine Seele harrt und ich hoffe auf sein Wort.«

Evangelische Versöhnungskirche, Altar mit Kreuz (Fritz Koenig)

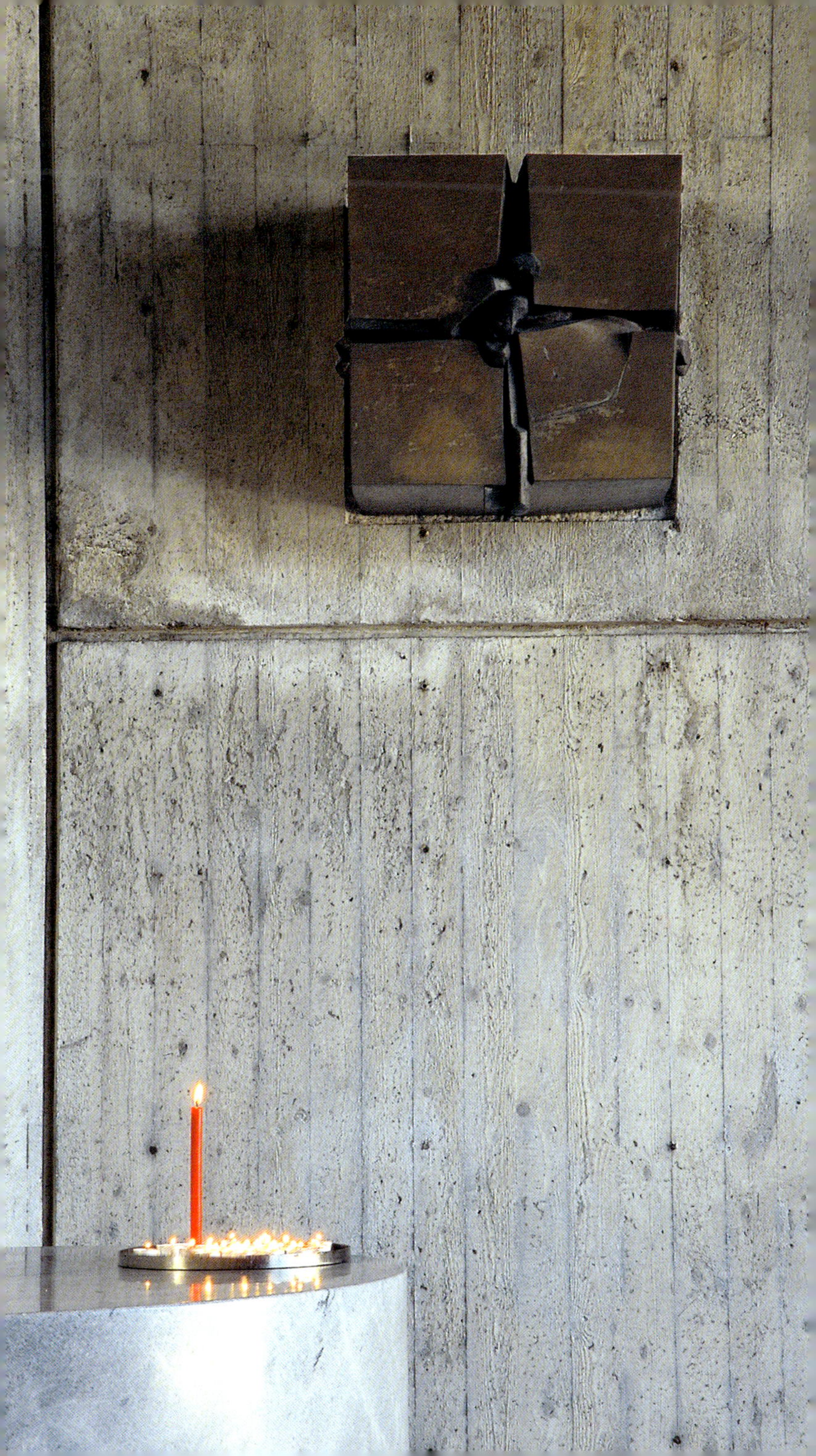

Die aufgehende Architektur der Versöhnungskirche erreicht westlich des Kirchenraumes ihren höchsten Punkt. Dort findet sich auch eine kleine, erkerartige Glockenstube. Dass der Bau ausgerechnet zu den Krematorien hin abweisend aufgipfelt, ist für manche Besucher irritierend. Der Weg westwärts über den Würmkanal wurde jedoch erst 1965 angelegt.

Kunstwerke in der Versöhnungskirche

In der Versöhnungskirche vereinen sich Architektur und Bildkünste in gegenseitiger Bereicherung zu gesteigerter Wirkung, ganz im Sinne von Richard Wagners Vision des Gesamtkunstwerks. Dennoch lohnt es, zunächst die Raumfolgen auf sich wirken zu lassen und sich auf einem zweiten Weg gezielt mit den Kunstwerken auseinanderzusetzen. Wie konnte und sollte das unermessliche Leiden und Sterben im KZ künstlerischen Ausdruck finden – abstrakt-symbolisierend oder drastisch-realistisch, wandgebunden oder freiplastisch, auf das einzelne Häftlingsschicksal oder die Lagergemeinschaft bezogen? In dem sich verengenden Zugangsbereich der Kirche finden sich wandhohe, bauzeitlich gegossene Betonreliefs. Hierfür wurden Gipseinlagen in die Betonschalung eingelegt. Ihr Schöpfer ist Hubertus von Pilgrim (geb. 1931), ein Meisterschüler Bernhard Heiligers, bekannt durch seine seit 1988 entstandenen Todesmarschmahnmale. Die Betonreliefs sollen das Schicksal der hier ermordeten KZ-Häftlinge in Erinnerung bringen. Inspiriert durch die Kunst der Katakomben und Stefano Madernos hl. Cäcilie in der römischen Kirche S. Cecilia in Trastevere modellierte von Pilgrim liegende Gestalten. Ihre Präsenz wandelt sich je nach Tageszeit und Sonnenstand. Es sind Andeutungen menschlicher Formen, Ahnungen von Schicksalen.

Zwischen dem Dunkel des Ganges und dem Licht des Hofes steht das schwenkbare, stählerne Portal Fritz Kühns (1910–1967). Der international bekannte Ostberliner Bildhauer, Kunstschmied und Fotograf hatte zuvor für die Gedenkstätten Buchenwald und Ravensbrück gearbeitet. In vier Sprachen ist ein Wort aus dem 57. Psalm eingraviert: »Zuflucht ist unter dem Schatten deiner Flü-

Evangelische Versöhnungskirche, Detail am westlichen Eingang

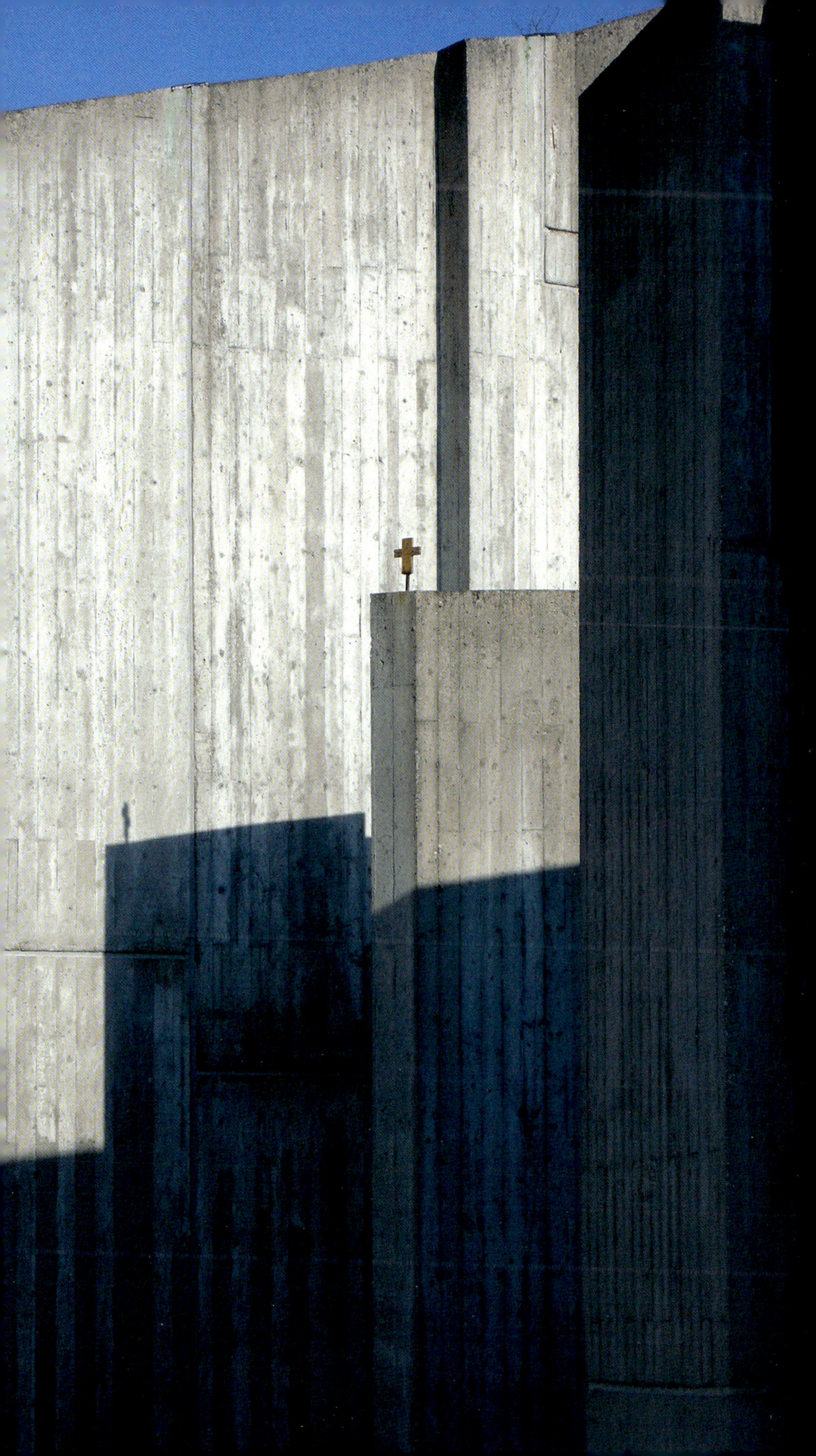

gel«. Wie das westliche Nebentor handelt es sich um ein Geschenk der evangelischen Landeskirchen der DDR.

Im Kirchenraum selbst tritt aus der kargen Betonwand hinter dem Altar ein Bronzekubus – das Kreuz des Bildhauers und Hochschullehrers Fritz Koenig (geb. 1924). Es ist von seiner wenig früheren Bronzeskulptur *Kreuz VI* abgeleitet. Aus dem mit massiger Kraft kreuzförmig gespaltenen Kubus bricht eine anthropomorphe Form hervor. Man spürt: Die Gewalt hat nicht das letzte Wort. Helmut Striffler äußerte die Hoffnung, dieses Kreuz werde für das Bedürfnis nach Meditation eine Hilfe sein. Fritz Koenig schuf auch 1983 das Mahnmal der Bundesrepublik Deutschland in der KZ-Gedenkstätte Mauthausen.

Auf der gegenüberliegenden Seite des Kirchenraumes zieht eine schmale, aus gegossenen Dickglas-Kuben aufgebaute Öffnung die Blicke an. Es ist eine ungegenständliche, helle Lichterscheinung, eine aufleuchtende Wand. Der akzentuierte rote Bereich könnte für einen Blutstropfen stehen, das Symbol des Todes wie auch des Lebens. Passend zu der hier angewandten Glastechnik handelt es sich um eine Stiftung der französischen Protestanten. Den Entwurf lieferte der Trossinger Maler Emil Kiess (geb. 1930), ein Schüler Willi Baumeisters. Die Ausführung besorgte die international bekannte Glaswerkstatt Loire in Chartres.

Im Eingangsbereich des Gesprächsraumes erhebt sich als eine Stiftung niederländischer Protestanten eine schlanke Bronzeskulptur. »Die drei Männer im Feuerofen« wurden 1965/66 von dem Amsterdamer Bildhauer und Kunstprofessor Carel Kneulman (1915–2008) geschaffen. Dieser hatte sich zunächst für die Gestaltung des Kreuzes in der Kirche beworben. Das biblische Geschehen (Prophet Daniel, 3) wird hier mit dem Leiden und Sterben der Häftlinge im Konzentrationslager in Beziehung gesetzt. Kneulman beschrieb dies so: »Die Körper der Jünglinge und die Flammen bilden eine unerschütterliche Vertikale, ein Sinnbild des Vertrauens auf Errettung. Die Skulptur ist wie ein Ruf nach Wahrheit und Liebe und steht wie eine ewige Flamme zwischen Himmel und Erde.«

Evangelische Versöhnungskirche, Glasfenster (Emil Kiess)

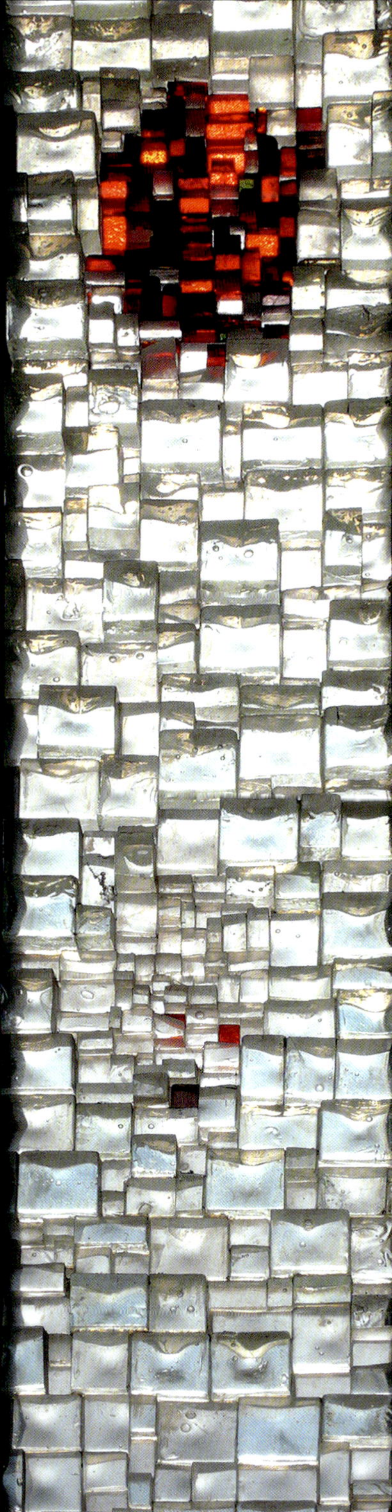

Werk und Wirkung

Sehr zu Recht gilt die Dachauer Versöhnungskirche als ein Höhepunkt des Nachkriegskirchenbaues in Mitteleuropa. Einwände gab es nur hinsichtlich der »Unentschlossenheit zwischen weltlicher Askese und religiöser Innerlichkeit« (Gerhard Ullmann) und der »exkulpierenden Ästhetik des Bauwerks« (Heino R. Möller). Selbst der Sichtbeton unterliegt hier nicht den üblichen Schmähungen, die meist nur anzeigen, dass die Betrachter mental nicht in der Moderne angekommen sind. So verband denn auch der Theologe Rainer Volp (1931–1998) seine Besprechung der Versöhnungskirche mit einer handfesten Gesellschaftskritik: »Dachau ist der Protest gegen das Vergessen derer, die dem rechten Winkel im Neoklassizismus frönen.«

Dass die Versöhnungskirche keine architektonische Nachfolge gefunden hat, ergibt sich aus der spezifischen Bausituation. Doch haben sich die Architekten der neuen Dresdner Synagoge schöpferisch mit dem Hauptwerk ihres Lehrers auseinandergesetzt. Wer Helmut Striffler in seiner Versöhnungskirche erlebt hat, spürte, wie stark die Auseinandersetzung mit diesem Ort Menschen prägen kann. Striffler bekannte: »In meinem Leben und Schaffen gibt es eine Phase vor und eine nach Dachau.«

Evangelische Versöhnungskirche, Skulptur im Gesprächsraum (Carel Kneulman), Detail

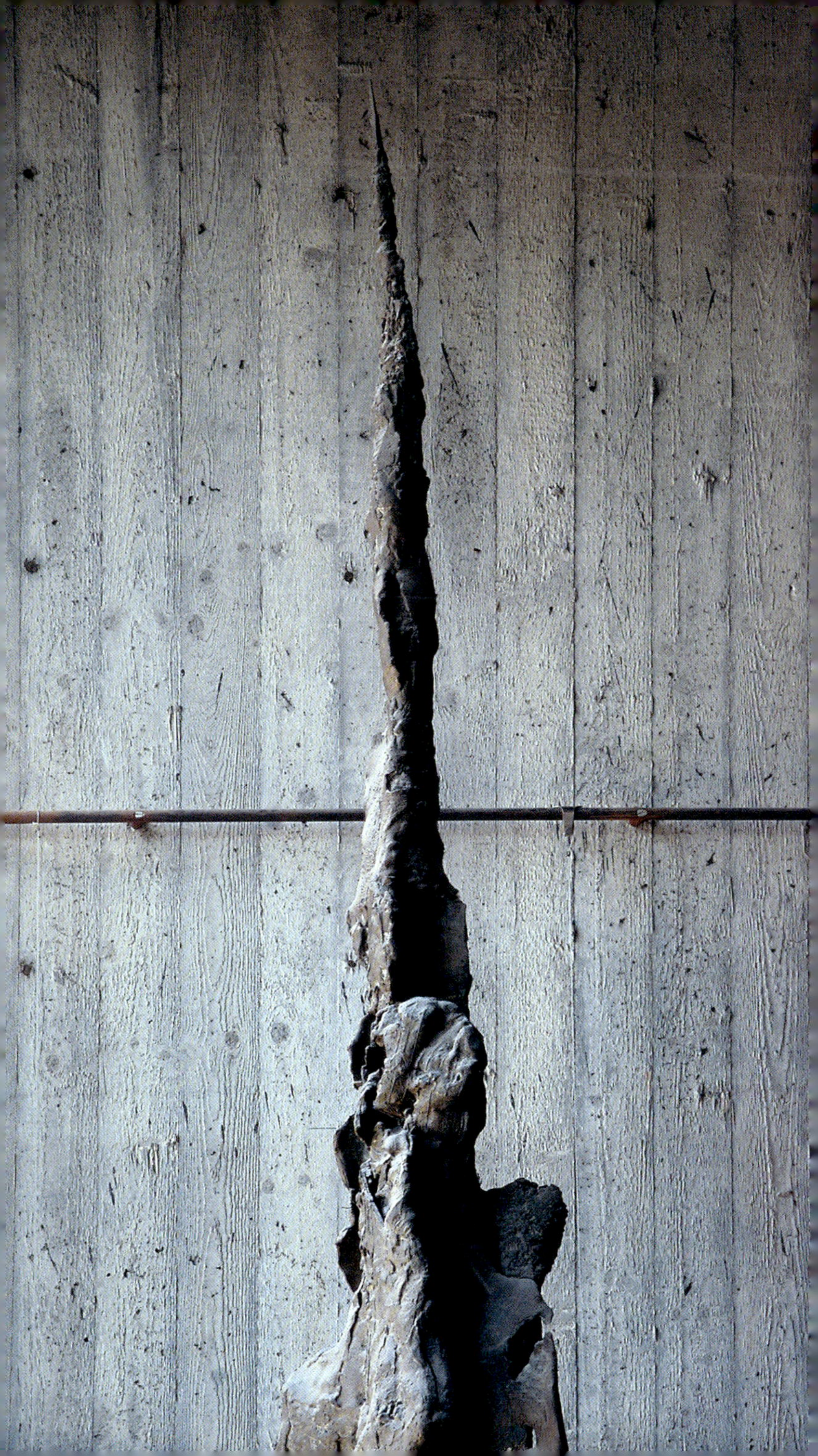

DIE JÜDISCHE GEDENKSTÄTTE (1967)

Die Entstehungsgeschichte

Bereits während der Befreiung des Konzentrationslagers Dachau hatte ein Militärrabbiner den jüdischen Lagerinsassen ein religiöses Wort zusprechen können. Anfang 1959 wurden vom Internationalen Dachau-Komitee (CID) auf dem Dachauer Appellplatz Kirchen und ein jüdischer Gedenkort geplant. Bald erschütterten antisemitische Vorfälle die Bundesrepublik, was einmal mehr die Notwendigkeit staatlicher Vergangenheitspolitik verdeutlichte. Doch haben das Tagebuch der Anne Frank sowie der Eichmann-Prozess und der Frankfurter Auschwitz-Prozess (beide zeitparallel zur Planung dieser Gedenkstätte) das

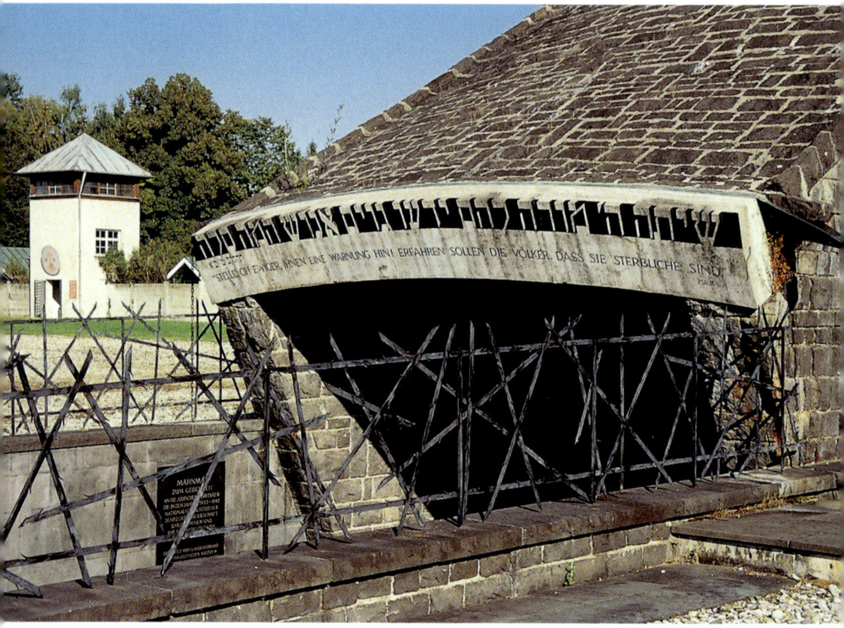

Jüdische Gedenkstätte, Inschrift und Gitter im Bereich des Zuganges

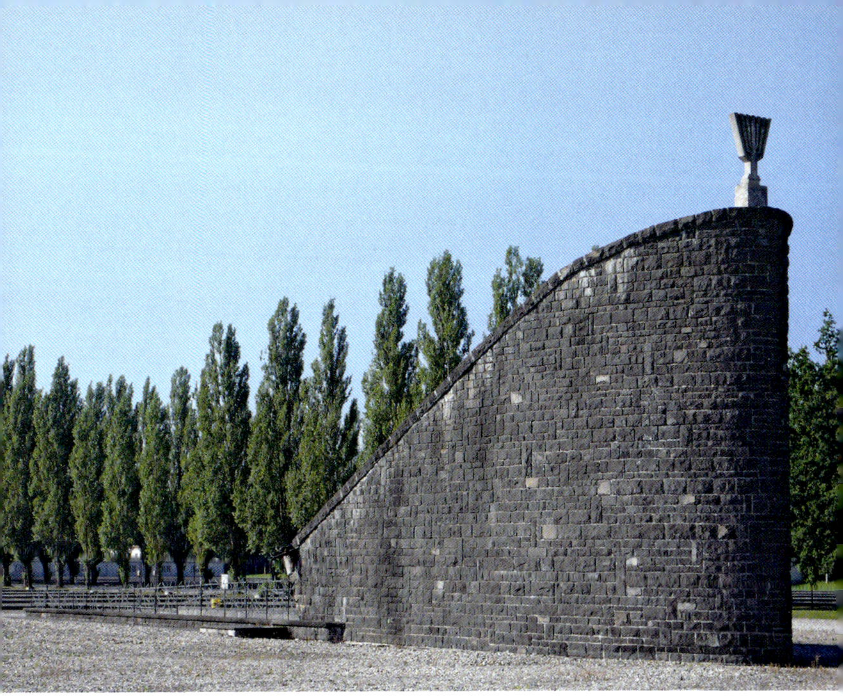

Jüdische Gedenkstätte, Außenansicht

Interesse der Deutschen am Schicksal ihrer jüdischen Mitbürger stark befördert. Auch von jüdischer Seite wuchs damals das Interesse an einer baulichen Vergegenwärtigung der Schoah.

1960 dachte man zunächst an die Aufstellung eines bescheidenen Davidsterns im Lager Dachau. Auch wurde erwogen, um die Todesangst-Christi-Kapelle Säulen mit Kreuz und Davidstern zu errichten. Ende 1960 gab es vom Landesverband der Israelitischen Kultusgemeinden in Bayern – namentlich von seinem Präsidenten Heinz Meier (1912–1993) und Dipl.-Ing. Stefan Schwarz (1910–1985), einem ehemaligen KZ-Häftling – intensive Bemühungen um die Errichtung einer »Gedenk-Synagoge«. Schließlich verzichtete man auf eine Synagoge, denn es gab keine jüdische Gemeinde, die die religiösen Traditionen hätte pflegen können.

Das Bauwerk wurde auf dem »Platz der Meditation« am nördlichen Ende des einstigen Häftlingslagers, östlich der Todesangst-Christi-Kapelle, geplant. Bauherr der jüdischen Gedenkstätte war der genannte Landesverband. Die Baukosten wurden durch Spenden und staatliche Zuschüsse gedeckt. Im März 1961 beauftragte man den Frankfurter Architekten Hermann Zvi Guttmann (1917–1977) mit der Ausarbeitung eines Entwurfs. Dieser fiel parabelförmig aus.

Guttmann zählte damals zu den erfolgreichsten Architekten jüdischer Gemeindebauten in der Bundesrepublik. Er hatte Synagogen (in Offenbach, Düsseldorf und Hannover), Gemeindezentren und Trauerhallen errichtet. Der jüdische Baumeister war stark von der Architektur des Expressionismus geprägt. Dort war es in den 1920er-Jahren bei Kirchen und jüdischen Trauerhallen mehrfach zu parabelförmigen Aufrissen gekommen. Guttmann verfolgte eine bildhaft begründete Formensprache, was ihn mit dem damals bekanntesten deutschen Kirchenbaumeister verband. Rudolf Schwarz hatte in seinem bereits erwähnten Buch »Vom Bau der Kirche« eine parabelförmige Grundgestalt (»Heiliger Wurf«) entwickelt; 1953 bis 1957 realisierte er diesen Baugedanken bei Heilig Kreuz in Bottrop. Ähnlich der jüdischen Gedenkstätte in Dachau findet sich in Bottrop eine Grundrissparabel mit geschlossenen Wänden und hochgelegener Lichtquelle im Scheitel. Guttmann empfand die Parabel als eine Figur kräftemäßiger und geistiger Spannung: »Als Symbol dieses Vorwärts- respektive Hochstrebens, welches in seiner Spitze auf den Widerstand menschlich begrenzten Strebens gegen göttliche Unendlichkeit zeigt, sehe ich die Parabel an.« Hinsichtlich des von oben einfallenden Lichtes könnte sich der Architekt auch mit den Denkmalsplanungen für die einstigen Konzentrationslager Auschwitz-Birkenau und Neuengamme auseinandergesetzt haben.

Ein Plansatz Guttmanns für den Dachauer Bau trägt das Datum 30. März 1962. Am 9. November 1962 erörterte man das Konzept der jüdischen Gedenkstätte anhand eines Modells. Guttmann hatte den Bau zunächst 7–8 m weiter östlich, näher zur Alten Römerstraße hin, und um ein Viertel größer entworfen. Auf Bitten des CID kam es zu entsprechenden Korrekturen. Auch auf eine geplante Betonglaszone im Deckenbereich wurde verzichtet.

Die Grundsteinlegung der jüdischen Gedenkstätte erfolgte im Frühsommer 1964. Die Bauaufsicht lag in den Händen von Dipl.-Ing. Theodor Klotz (Dachau). Bereits im Mai 1965 war der Rohbau errichtet. Nun begann die Auswahl der Inschriftentexte, wobei dis-

Jüdische Gedenkstätte, Gesamtansicht des Inneren

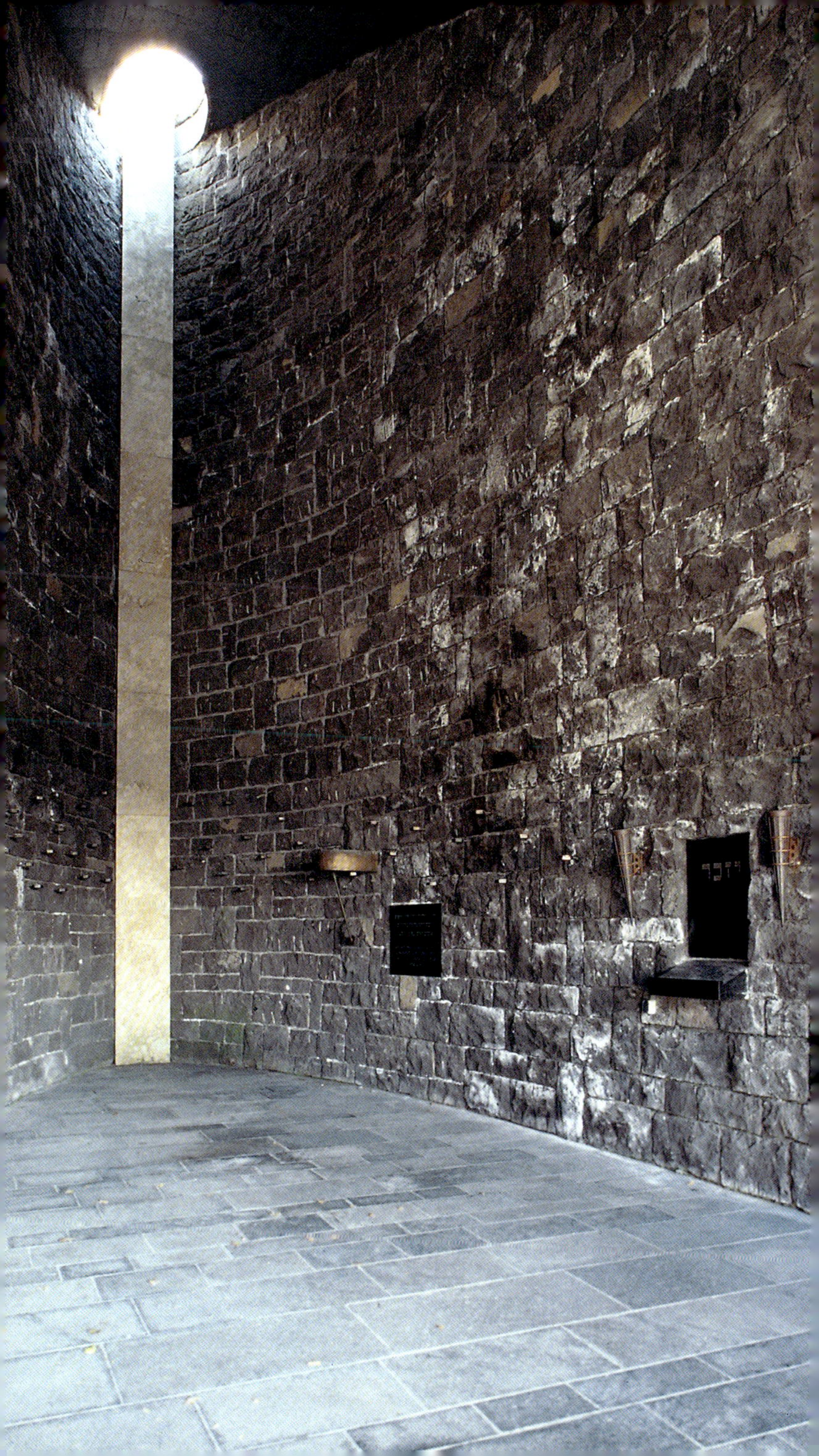
יזכר

kutiert wurde, ob diese einen allgemein mahnenden Charakter oder aber eine explizit auf die Schoah bezogene Botschaft haben sollten. Nach finanziell bedingten Verzögerungen im Bauablauf wurde die jüdische Gedenkstätte am 7. Mai 1967 – 5727 nach jüdischer Zeitrechnung – feierlich eingeweiht. Rabbiner entzündeten dort das Ewige Licht. Der angesehene Fürther Rabbiner David Spiro (1901–1970), der selbst in Flossenbürg und Dachau gelitten hatte, sprach stellvertretend für die Geretteten aus den Konzentrationslagern Gott seinen Dank aus. Spiro dankte auch den Alliierten: Sie seien die himmlischen Boten und Mittler dieser Rettung gewesen. Er gelobte, die Opfer würden nicht vergessen, denn sie seien »ein Bestandteil unseres gebrochenen Wesens«.

Wie es die Inschrifttafel links des Einganges ausdrückt, sollte in Dachau ein »Mahnmal zum Gedenken an die jüdischen Märtyrer« der Jahre 1933 bis 1945 entstehen. Im engeren Sinne gilt diese Gedenkstätte (Mazewah) den im Konzentrationslager Dachau ermordeten Juden. Auf der Urkunde zur Einweihung heißt es wörtlich: »Die Gedenkstätte in Dachau soll für alle Zeiten ein warnendes Mahnmal bleiben! Hier wollen wir alljährlich für unsere Toten beten und ihrer gedenken.« Wie die damaligen Präsidenten des Landesverbandes 1967 und 1972 betonten, gilt diese darüber hinaus allen Opfern der Schoah: »Die Tausende, die an dieser Stätte begraben sind, symbolisieren für uns die Millionen, die in Auschwitz, Treblinka, Majdanek und vielen anderen Stätten ihr tragisches Ende gefunden haben« (Simon Snopkowski, 1925–2001).

Form und Aussage

Die jüdische Gedenkstätte ist auf die östliche Reihe der einstigen Baracken bezogen und öffnet sich dorthin. Aus größerer Entfernung erscheint sie wie ein erratischer Block. Andererseits bewirken die stark gelängte Grundrissparabel und der nach Norden schräg ansteigende, dabei sanft gebogene Dachbereich eine spürbare Dynamisierung des Baukörpers. Umschreitet man die Gedenkstätte, präsentiert sich diese höchst unterschiedlich: von den Seiten breit gelagert, im Norden

Jüdische Gedenkstätte, Deckenöffnung mit Menora

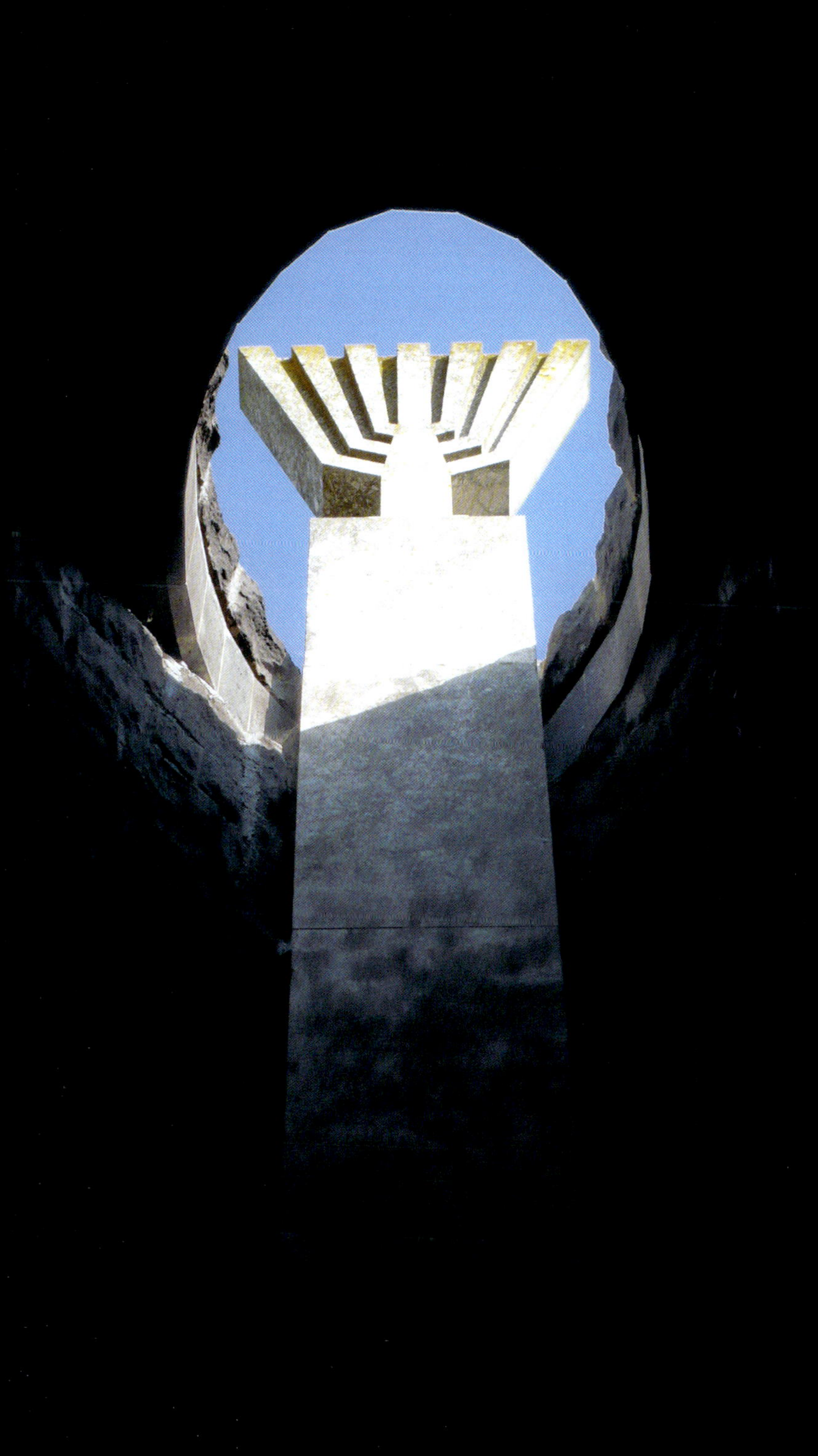

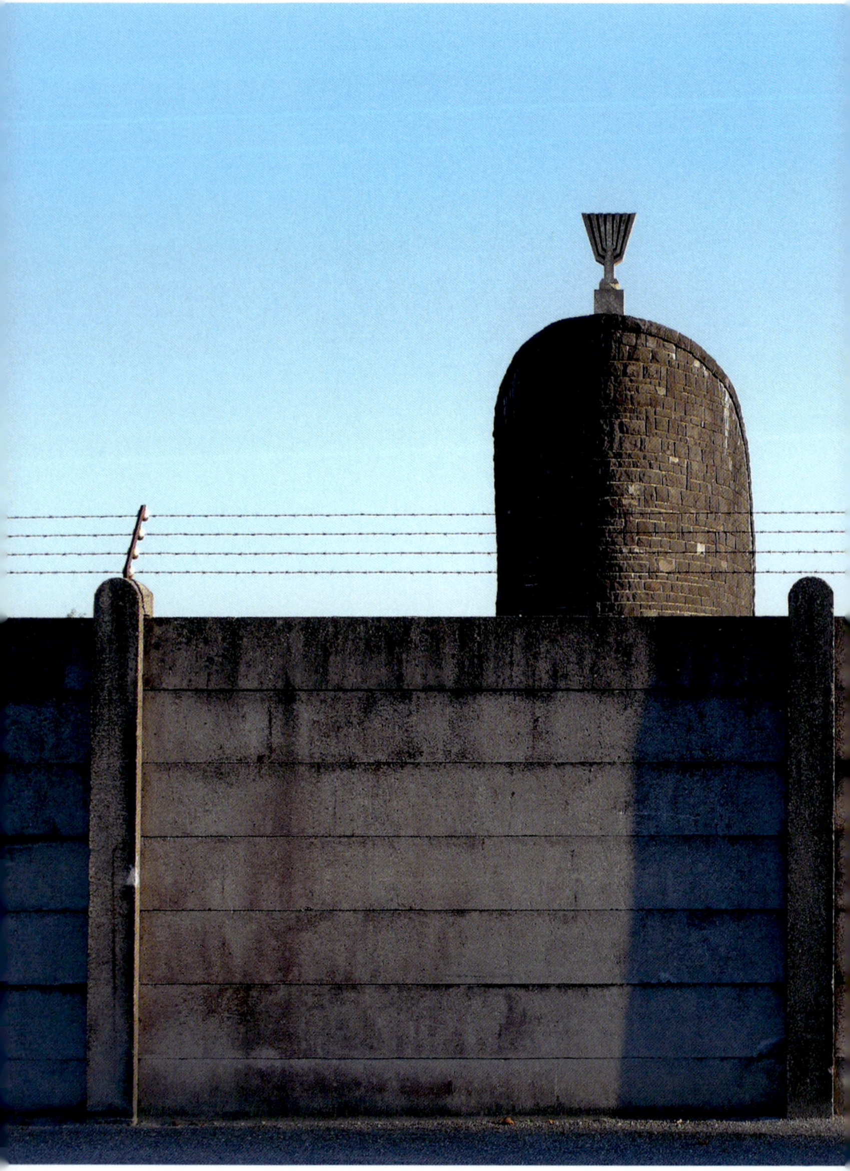

Lagermauer und jüdische Gedenkstätte

schiffsbugartig aufragend, auf der Eingangsseite labil und introvertiert. Das Licht hat großen Anteil an ihrer plastischen Wirkung.

Bei der 10 m breiten, 15 m langen und 9 m hohen Gedenkstätte handelt es sich wahrscheinlich nicht um einen Massivbau, sondern um eine Beton- oder Betonskelettkonstruktion, die beiderseits mit bruchrau-rustizierten Hausteinen aus Basaltlava verkleidet wurde. Der Basaltplattenboden, die Wände und die außen mit Steinen verblendete Betondecke bilden so eine stoffliche Einheit. Auch dadurch wirkt der Baukörper organhaft. Die Erschließung erfolgt über eine 18 m lange, gerade Rampe, die insgesamt 1,80 m abfällt. Das Bauwerk ist somit in den Boden eingetieft und in diesem sprechenden Gestus, der in Auseinandersetzung mit Psalm 130 (Bitte in tiefer Not) entstanden sein könnte, der evangelischen Versöhnungskirche und dem internationalen Mahnmal auf dem Appellplatz verwandt.

Durch die formale Gestaltung der jüdischen Gedenkstätte wurde versucht, die Leiden der Juden während der NS-Zeit nachvollziehbar zu machen (*architecture parlante*). So sind der rampenartig abgesenkte Zugang und das Eingegrabensein Anspielungen auf das Leben in Verstecken und in unterirdischen Kellern, auf die Rampen der Vernichtungslager, vielleicht auch auf den Weg in die Gaskammern. Die eisernen Gitter entlang des hinabführenden Weges und am Eingangstor spielen in stark stilisierter Form auf den Stacheldraht des Konzentrationslagers an. Wichtig ist gleichermaßen der mahnende Tonfall von Psalm 9,21, der an der Stirnseite über dem Eingang auf Hebräisch und Deutsch eingemeißelt ist: »Stelle oh Ewiger, ihnen eine Warnung hin! Erfahren sollen die Völker, dass sie Sterbliche sind.« Betritt man den Raum, ist dieser zunächst bedrängend eng und düster. Verantwortlich dafür sind die schmale, gelängte Parabelform des Grundrisses und die ungegliederten, fensterlosen Wände aus dunkelgrauem Basaltlavastein.

Absichtsvoll nach Osten gerichtet, befindet sich an der rechten Wand ein kleines Pult aus schwarzem Granit. Hier wird das Trauergebet (Kaddisch) gesprochen. Unmittelbar darüber ist eine Tafel eingelassen, auf der das eine, entscheidende Wort steht: Jiskor – Gedenke! Angrenzend finden sich konische Fackelhalter, nahebei das Ewige Licht und eine Gedenktafel für die 6 Millionen getöteten Juden. Die 70 wandgebundenen Kerzenhalter für die Feier am Totengedenktag stehen für die 70 Ältesten Israels (4. Mose 11,16).

Das Bauwerk dient dem Totengedenken, doch soll es auch den Überlebenden Kraft zur Hoffnung geben. Schon am Eingangsgitter versinnbildlichen zwei zu Türgriffen ausgebildete Ölzweige unter Bezugnahme auf Hosea 14,6–7 die Hoffnung auf ein blühendes, schönes Israel. Hat man den gedrungen-lastenden, segmentbogigen Eingangsbereich passiert, steigt die leicht gewölbte Decke des Bauwerks in Blickrichtung stark an. Im Scheitel des Raumes führt ein lisenenartiges Marmorband ins Licht, durch eine kreisförmige Deckenöffnung hinauf zum siebenarmigen Leuchter, der Menora. Diese ist stark stilisiert und steht auf dem höchsten Punkt der Gebets- und Gedenkstätte. »Das Licht der Hoffnung [ist] tief im Judentum verwurzelt [...]. Am Ende dieses Hoffens steht die Erlösung – das ewige jüdische Dasein ist hier symbolisch ausgedrückt durch den siebenarmigen Leuchter auf dem Hintergrund des Himmels« (Hermann Zvi Guttmann). Die Erinnerung an das Gelobte Land wird hier auch materialiter ausgedrückt: Lisene und Menora sind aus israelischem Peki'in-Marmor gefertigt. Dieser hochwertige Stein wurde an einem Ort gebrochen, der immer von Juden bewohnt gewesen sein soll. Er steht für die Kontinuität des Judentums.

DIE RUSSISCH-ORTHODOXE AUFERSTEHUNGSKAPELLE (1995) – EIN ORT NACHHOLENDEN GEDENKENS

Die Geschichte der Kapelle

Bedingt durch die weltpolitischen Veränderungen kam es seit 1991 zu einem verstärkten Interesse am Schicksal der KZ-Häftlinge aus der ehemaligen Sowjetunion. Es ging um die Dokumentation und gedenkpolitische Würdigung ihres Leidensweges. Im Dachauer Lager hatten sowjetische Häftlinge die zweitgrößte Nationalitätengruppe gebildet.

Anlass für den Bau der Auferstehungskapelle waren aufgefundene Namenslisten der orthodoxen Gefangenen in Dachau sowie die Erfahrung, dass es hier und in anderen KZ-Gedenkstätten Europas bislang keinen Erinnerungsort an die umgekommenen orthodoxen Christen gab. Die Initiative ging von dem kirchenpolitisch aktiven einstigen Dachau-Häftling Gleb Rahr (1922–2006) und dem ständigen Vertreter der Russisch-Orthodoxen Kirche in Deutschland, Erzbischof Longin von Klin (1946–2014), aus. Auch Patriarch Alexij II. (1929–2008) und die Botschaft der Russischen Föderation nahmen sich des Themas an. Nachdem mit Unterstützung der bayerischen Behörden das Grundstück in Dachau erworben werden konnte, errichtete man dort zunächst ein Holzkreuz. Der Kapellenbau selbst wurde von russischer Seite gestiftet, den Entwurf lieferte der Architekt Valentin Utkin. Das Bausystem der Kapelle wurde im Raum Wladimir hergestellt und probeweise vormontiert, dann brachte man die Einzelteile mit dem LKW nach Deutschland. Aus den letzten Einheiten der hierzulande stationierten russischen Weststreitkräfte wurden bauerfahrene Soldaten ausgewählt. Diese kamen im August 1994 nach Dachau und errichteten die Auferstehungskapelle. Ihre feierliche Einweihung fand am 29. April 1995 statt – am 50. Jahrestag der Befreiung des Konzentrationslagers Dachau. Die Weihe vollzog Metropolit Nikolai von Nischni Nowgorod und Arsamas, ein ehemaliger Offizier und Frontkämpfer. Seit September 1996 finden in der Auferstehungskapelle an besonderen Gedenktagen Gottesdienste statt.

Die Baugestalt

Wendet man sich von der Versöhnungskirche nach Westen, zum Gedenkbereich der Krematorien hin, zweigt jenseits der Brücke über den Würmkanal nach links ein Weg ab, der zu der russisch-orthodoxen Auferstehungskapelle führt. Diese steht außerhalb des ehemaligen Häftlingslagers auf einer stillen, baumbestandenen Wiese. Die Kapelle ist leicht erhöht angelegt; in dieser Aufschüttung befindet sich auch russische Erde.

Bei der Auferstehungskapelle handelt es sich um einen achteckigen Zentralbau aus Holz. Auf den ersten Blick ist erkennbar, dass hier die traditionelle Architektur Russlands Pate stand: Dies gilt für die steile Zeltform (Shatrovye-Typus; gebräuchlich bei nordrussischen Friedhofskirchen), die schuppenartig mit Holzschindeln verkleidete Dachhaube, das aufgesetzte russische Kreuz und die markante Blockbauweise. Bei dieser Bautechnik, die auch im Alpenraum und in Skandinavien Anwendung findet, werden große Holzstämme waagerecht geschichtet, wobei es zu den charakteristischen Eckbildungen aus überstehenden Stammquerschnitten kommt. Um diese herzustellen, bedarf es sorgfältig berechneter Einkerbungen in den Hölzern. Wie auch bei diesem Bauwerk zu sehen, werden die Fugen der Rundhölzer mit grobem Material abgedichtet. Das Innere der Auferstehungskapelle ist bis in die Spitze des Bauwerks vom Duktus der Hölzer bestimmt und reich ausgestattet.

Die Befreiung der Häftlinge als Ostererfahrung

Laut einer am Außenbau angebrachten Tafel handelt es sich bei der Auferstehungskapelle um einen Gedenkort an jene russischen Landsleute, die in den NS-Konzentrationslagern umkamen. Gemeint sind wohl die in der damaligen Sowjetunion beheimateten Gefangenen. Bei den Messfeiern wird aller Orthodoxen gedacht, die in Dachau und an anderen Leidensorten starben. Besondere Erwähnung findet dort der Ostergottesdienst von 1945:

Russisch-orthodoxe Auferstehungskapelle, Außenansicht

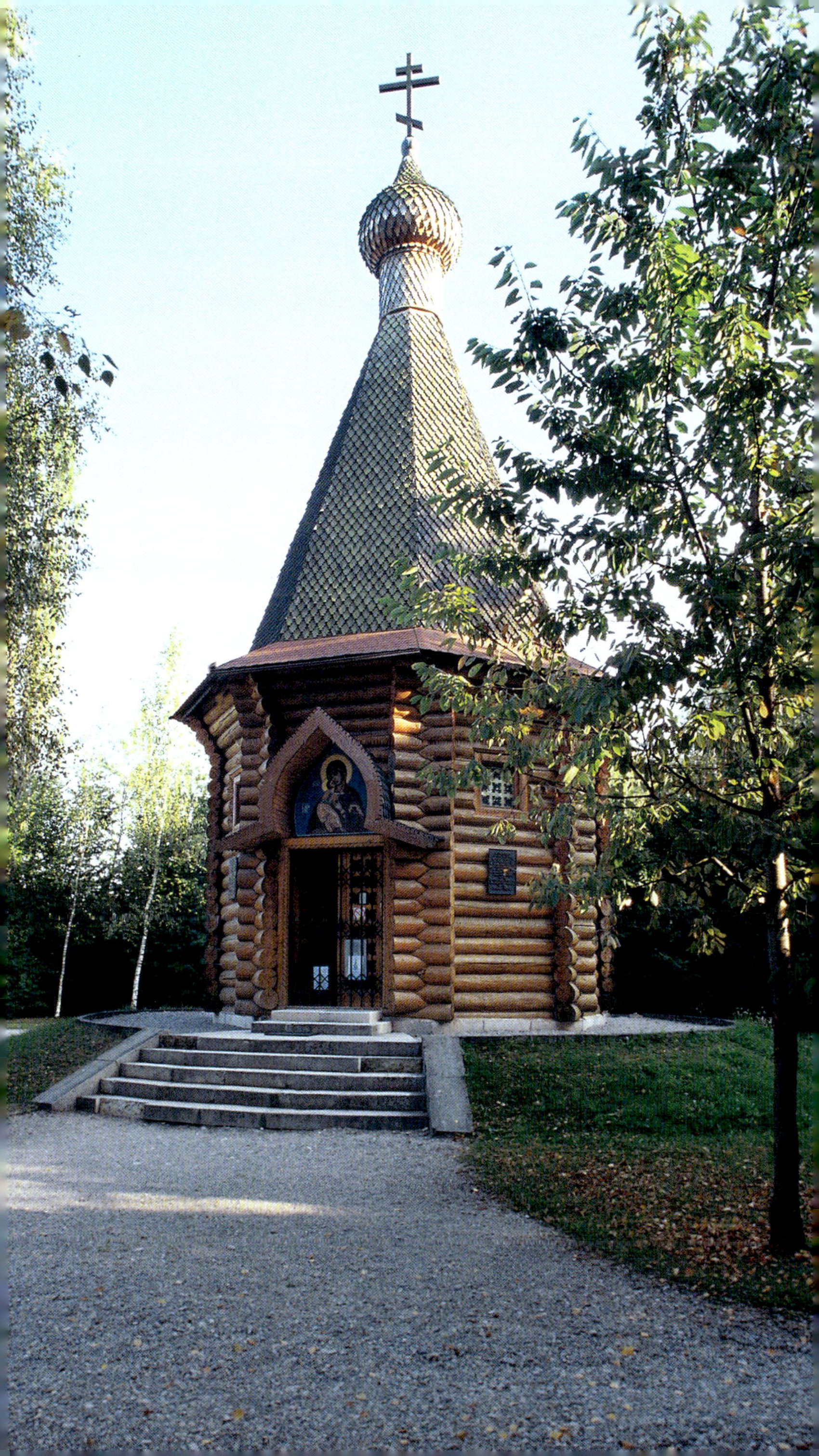

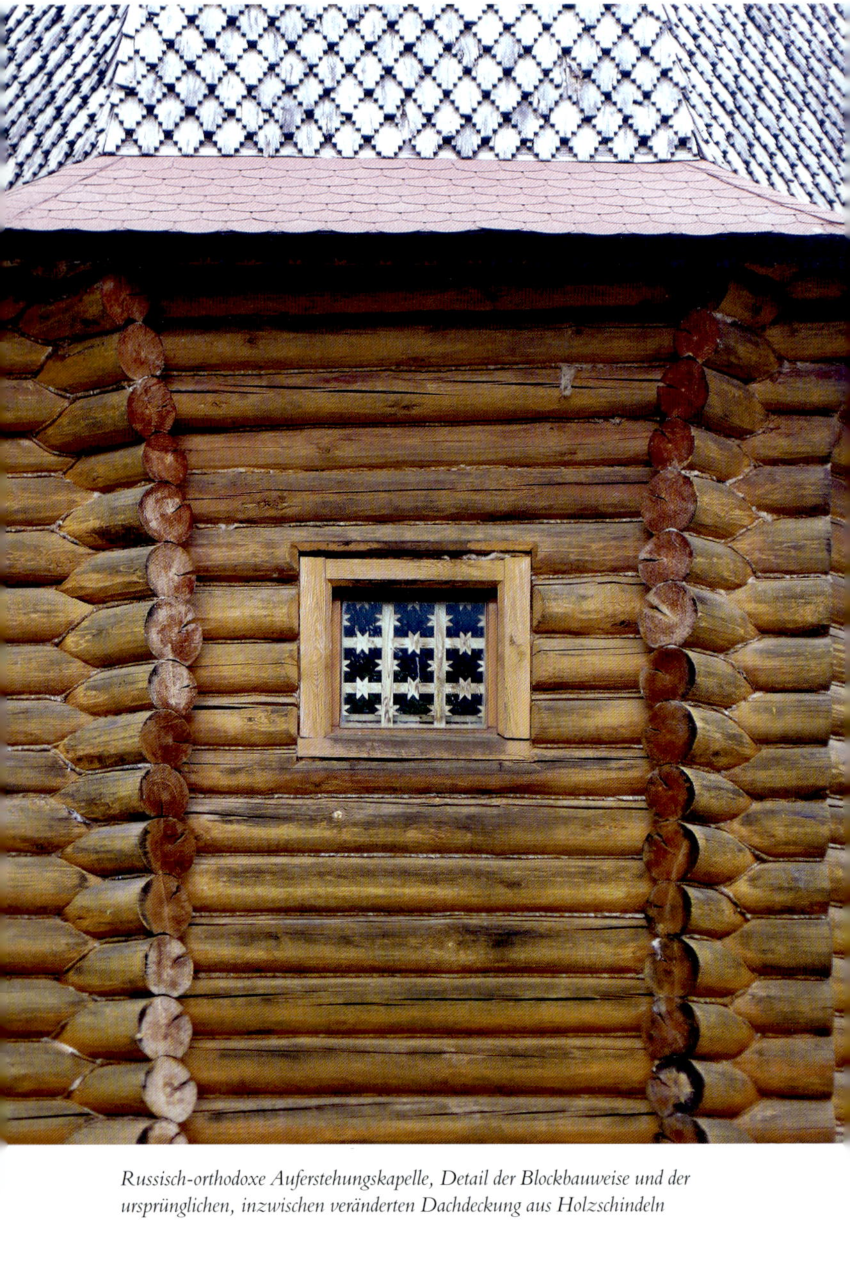

Russisch-orthodoxe Auferstehungskapelle, Detail der Blockbauweise und der ursprünglichen, inzwischen veränderten Dachdeckung aus Holzschindeln

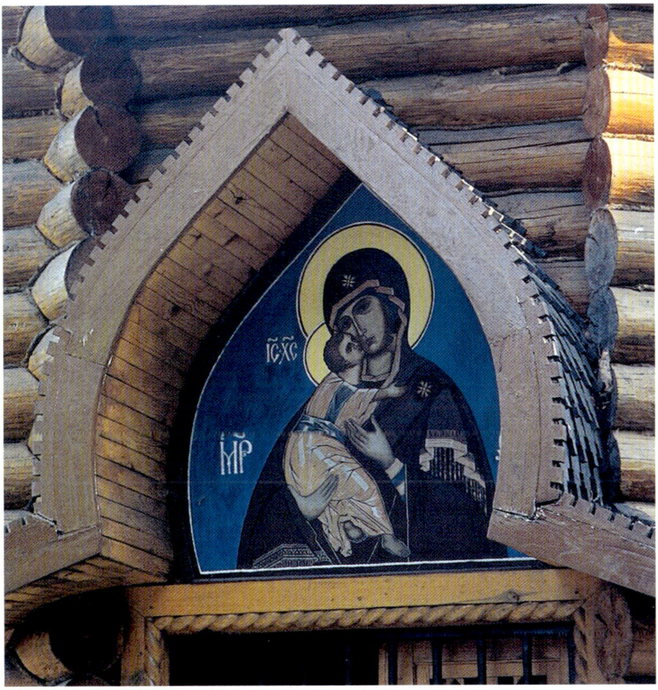

Russisch-orthodoxe Auferstehungskapelle, Muttergottes mit Kind über dem Eingang

Kurz nach der Befreiung des KZ Dachau, am 6. Mai 1945, feierten die orthodoxen ehemaligen Häftlinge in der Lagerkapelle in Block 26 das Osterfest. Inhaltlich überaus passend fiel es in diesem Jahr auf den Gedenktag des hl. Georg (was die Existenz einer großen Ikone erklärt, die den siegreichen Heiligen zeigt).

Auch die Ikonografie der Hauptikone hinter dem Altar handelt von diesem Osterereignis: Die großformatige, von der Bonner Ikonenmalerin Angela Heuser (geb. 1950) in Temperafarbe ausgeführte Tafel zeigt die Wachtürme des KZ nunmehr unbesetzt. Zwei Engel haben das Lagertor weit geöffnet und Christus, als der Auferstandene hell strahlend, führt die Gefangenen in die Freiheit. Die Künstlerin äußert, dass hiermit alle KZ-Häftlinge gemeint seien, also

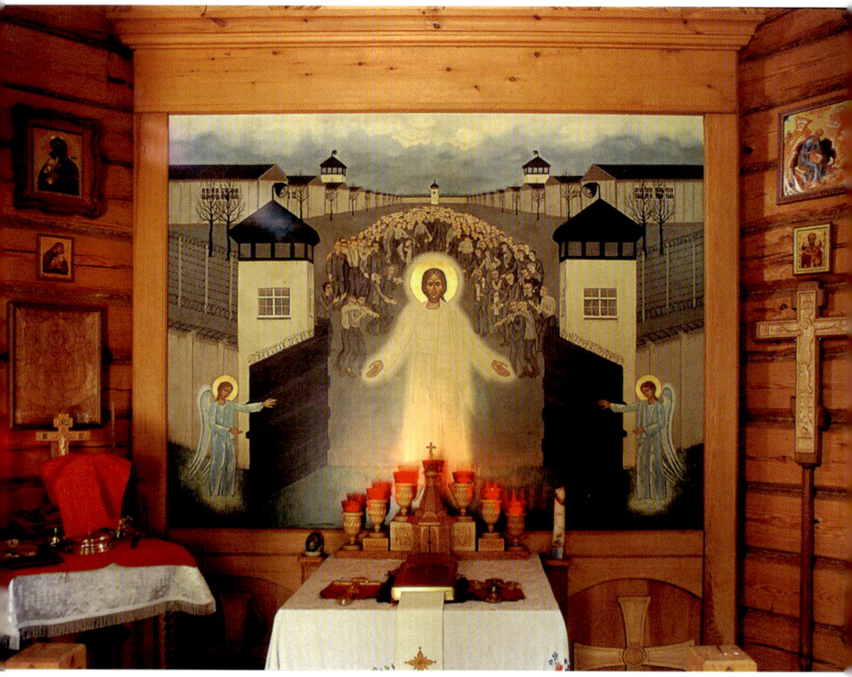

Russisch-orthodoxe Auferstehungskapelle, Altar mit Hauptikone (Angela Heuser)

auch jene, die die Qualen im Lager nicht überlebten. Wie an dem roten »Winkel« auf der Kleidung erkennbar ist, sind fast alle als politische Gefangene dargestellt. Mit an der Spitze des Häftlingszuges, nahe bei Christus, stehen zwei orthodoxe Priester in Häftlingskleidung. Sie sind allein an ihren hellen, mit roten Kreuzen besetzten Epitrachelien (Stolen) erkennbar. Während des Gottesdienstes nach der Befreiung bestanden diese aus Handtüchern und Verpackungsmaterial des Roten Kreuzes. Die Ikonen über dem inneren Kapelleneingang zeigen Heilige, deren Festtag mit dem Einfall des nationalsozialistischen Deutschen Reiches in der Sowjetunion (22. Juni 1941) in Zusammenhang steht. Anfang und Ende des Zweiten Weltkrieges schreiben sich also als eine Zeit-Bild-Achse in den Zentralraum der Auferstehungskapelle ein.

GESCHICHTE, GEDENKEN UND GEGENWART

»Wenn das Wunder geschieht, dass ihr lebend davonkommt, schreibt es auf und sprecht es aus, was sie mit uns angestellt haben.«
(Worte eines sterbenden Häftlings in Dachau)

»[Das Leben der Opfer in Dachau] hat eine Spur hinterlassen, auf die wir immer wieder treffen und an der wir nicht vorbeikommen.«
(Architekt Helmut Striffler, 1967)

»Mögen diese Mahnzeichen dazu beitragen, dass niemals mehr ein Kain seine Hand gegen seinen Bruder Abel hebe.« (Senator Jean Mandel über die religiösen Erinnerungsorte im Lager Dachau, 1967)

»Das Vergangene ist nie bloß vergangen. Es geht uns an und zeigt uns, welche Wege wir nicht gehen dürfen und welche wir suchen müssen. […] All diese Gedenksteine künden von menschlichem Leid, lassen uns den Zynismus der Macht ahnen, die Menschen als Material behandelte und sie nicht als Personen anerkannte, in denen Gottes Ebenbild aufleuchtet.« (Ansprache Papst Benedikts XVI. in Auschwitz, 2006)

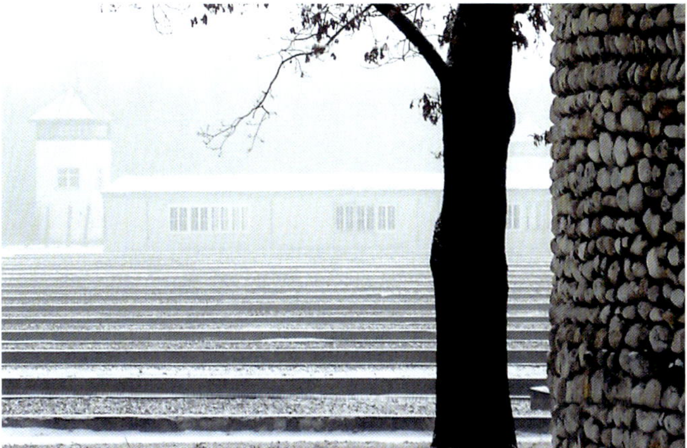

Enikö Peter OCD, Björn Mensing und Ludwig Schmidinger

KIRCHLICHE GEDENKSTÄTTEN-ARBEIT IN DACHAU

»… auf dass nicht wieder Unmenschlichkeit, Unfreiheit und Ungerechtigkeit über die Menschheit komme, sondern vielmehr, das Reich der Wahrheit und des Lebens, der Heiligkeit und Gnade, der Gerechtigkeit und Liebe und des Friedens.«

So schrieb der vormalige KZ-Gefangene Johannes Neuhäusler als katholischer Weihbischof am 14. Juli 1960, kurz bevor die Jugend in einer Wallfahrt von München in das ehemalige Konzentrationslager Dachau ging, um dort an der Einweihung der Todesangst-Christi-Kapelle am 5. August 1960 teilzunehmen.

Diese Einweihung war für die Kirchen wie für die gesamte Öffentlichkeit ein starkes Signal dafür, dass das Gedenken an die Opfer der Gewaltherrschaft und das Eintreten und Sorgen für eine gerechte Gesellschaft einen festen und wichtigen Platz haben muss im öffentlichen Bewusstsein nicht nur der Kirchen, sondern in der Gesellschaft insgesamt. Dieses Signal wurde in den folgenden Jahren verstärkt durch die weiteren religiösen Gedenkorte in und an der KZ-Gedenkstätte.

Besonders von der evangelischen Seite wurde auch die kritische Aufarbeitung der kirchlichen Verstrickungen in den Nationalsozialismus als Bestandteil der Arbeit benannt. Der frühere Dachau-Häftling Martin Niemöller bekannte als Kirchenpräsident in der Nachkriegszeit:

»Als die Nazis die Kommunisten holten, habe ich geschwiegen, ich war ja kein Kommunist. Als sie die Sozialdemokraten einsperrten, habe ich geschwiegen, ich war ja kein Sozialdemokrat. Als sie die Gewerkschafter holten, habe ich geschwiegen, ich war ja kein Gewerkschafter. Als sie mich holten, gab es keinen mehr, der protestieren konnte.«

Und so heißt es in der Präambel der Ordnung für die Versöhnungskirche: »Das Erbe von Täterschaft, Anpassung und Wider-

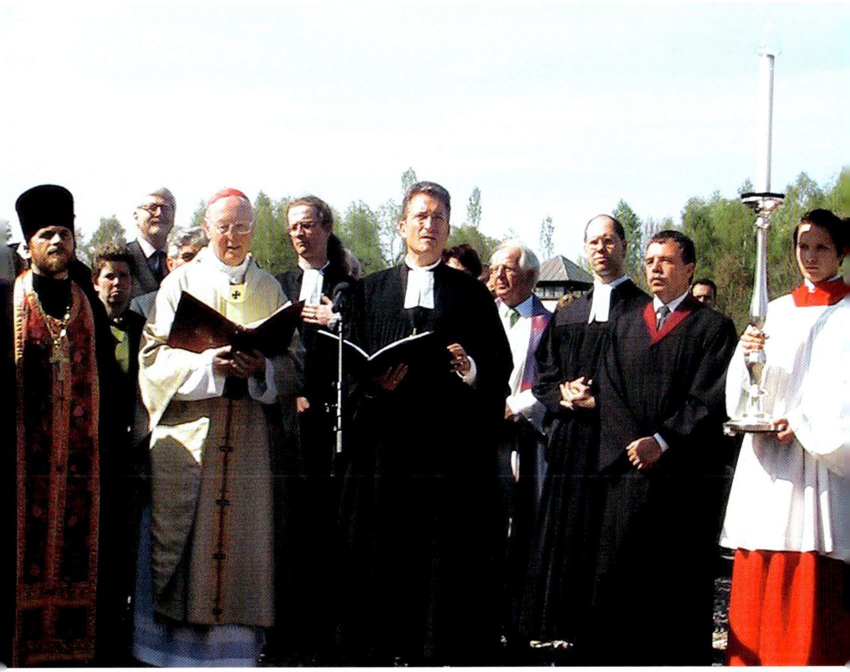

60. Jahrestag der Befreiung des KZ Dachau am 1. Mai 2005; im Vordergrund von links: Pfarrer Nikolai Zabelitch (orthodox), Friedrich Kardinal Wetter (katholisch), EKD-Ratsvorsitzender Bischof Wolfgang Huber (evangelisch) vor Block 26

stand im Nationalsozialismus und die Erinnerung daran geben der Versöhnungskirche einen unverwechselbaren Charakter. Als ein Ort der Auseinandersetzung mit der Geschichte des deutschen Protestantismus im Nationalsozialismus dient sie in ökumenischer Zusammenarbeit der Besinnung auf die Verantwortung der Christen für eine menschenwürdig gestaltete Zukunft.«

Von Anfang an ging es dabei immer um die Erinnerung an die Opfer und ihre Würde, aus der heraus auch die Mahnung entsprang, die Frage nach den Verhältnissen der Gegenwart zu stellen und die Wachsamkeit für Missstände und das Eintreten für Menschenrechte zu stärken – auch und gerade gegen Widerstände in der gesamten Gesellschaft, nicht selten auch in kirchlichen Kreisen.

Gegen das Bedürfnis oder gar die Forderung nach einem Schlussstrich wurde mit dem »Nie wieder« nicht nur daran erinnert, dass sich Vergangenes nicht ungeschehen machen und nicht einfach verdrängen lässt, eben weil es nachwirkt, ob man will oder nicht; es wurde damit auch ein Signal und eine Norm für die Zukunft aufgerichtet, an der keiner mehr vorbeikommen sollte.

In den nunmehr 50 Jahren seither haben die kirchlichen Einrichtungen, die an der KZ-Gedenkstätte vertreten sind, in einer Fülle von Veranstaltungen einerseits, sowie durch kontinuierliche Präsenz andererseits dazu beigetragen, dieses Signal und diese Botschaft weiterzutragen. Was sich dabei entwickelt hat, soll an dieser Stelle vorgestellt werden.

Dass dies in einem gemeinsamen Beitrag der katholischen und evangelischen Einrichtungen, die mit Personal auf dem Gelände des ehemaligen Konzentrationslagers präsent sind, geschieht, spiegelt die Bedeutung der Ökumene für die Arbeit an diesem Ort wider. Denn schon im KZ überwanden Christen unter den Häftlingen die alten konfessionellen Grenzen. Sicher war es für manche, geprägt von jahrhundertealten wechselseitigen Vorurteilen, zunächst unangenehm, von den Nazis mit den anderen zusammen in einen Pfarrerblock gesperrt zu werden. Von Einzelnen wissen wir aus ihren veröffentlichten Erinnerungen, wie schwer erträglich für sie die gemeinsame Benutzung der Kapelle in Block 26 war. Auf der anderen Seite gibt es viele Zeugnisse für eine gelebte Ökumene unter den Häftlingen. Gemeinsam mit den katholischen Geistlichen hielten die evangelischen Pfarrer jeden Abend eine kurze Andacht im Schlafsaal, die, wie der evangelische Ernst Wilm berichtet, »wochentags von einem katholischen Geistlichen – das war meistens eine Heiligenlegende – und sonntags von einem evangelischen Pfarrer – ob Bericht aus dem Kirchenkampf der Bekennenden Kirche oder von einer diakonischen Arbeit [...] oder eine Schriftauslegung – gehalten wurde und mit gemeinsamem Vaterunser schloss«. Ökumenische Gottesdienste lagen aber außerhalb des Denkbaren. Dennoch brachte die gemeinsame Hafterfahrung neue Verbundenheit. Der katholische Eugen Weiler erinnert sich: »In der Kapelle im KZ in Dachau hatten die katholischen Priester, die evangelischen und sonstigen christlichen Mitbrüder ein schönes Verhältnis miteinander.« Ganz ähnlich lesen wir beim evangelischen

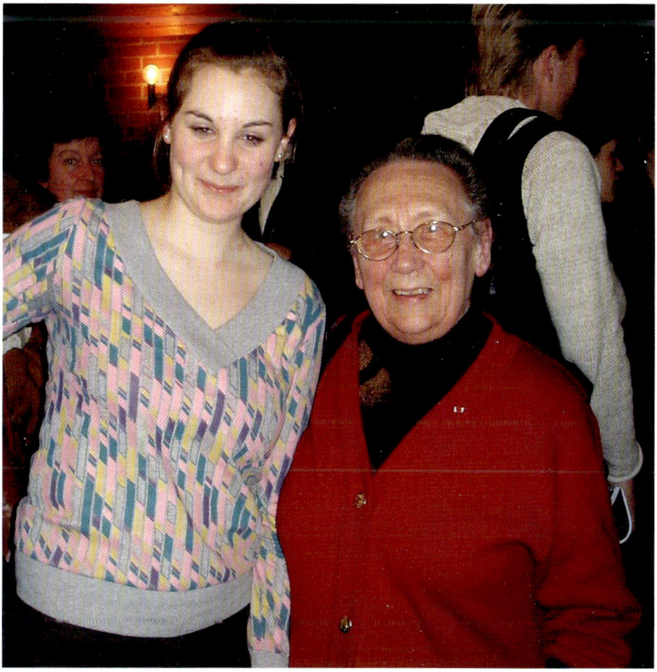

Dachau-Überlebende Renée Lacoude (rechts) bei der Präsentation ihrer Biographie für das Gedächtnisbuch-Projekt »Namen statt Nummern« im Karmel (22. März 2005)

Max Lackmann: »Kameradschaftlich – und im gewissen Sinne als in eine Kategorie der überzeugten Christen und Nazigegner gehörig – hatten wir ein gutes brüderliches Verhältnis.« Ein Höhepunkt der Ökumene war das Festmahl zur geheimen Priesterweihe von Karl Leisner in Block 26, das ein Bericht anrührend schildert: »In der dritten Stube des Blocks ereignet sich eine ergreifende ökumenische Begegnung. Die Gruppe der evangelischen Pastoren hat Leisner eine Tafel bereitet, die an diesem Ort ein königliches Festmahl bedeutet. Komplizenschaft für den guten Zweck, Erfindungsgabe und Gerissenheit gebrauchten sie, um diese Tafel zu decken, die für Bischof Piguet und den Priester Karl Leisner bestimmt war: weißes Tischtuch, Porzellan, Kaffee und Gebäck. Eine Stunde tiefer Gemeinschaft mit den evangelischen Brüdern!« Freundschaften ent-

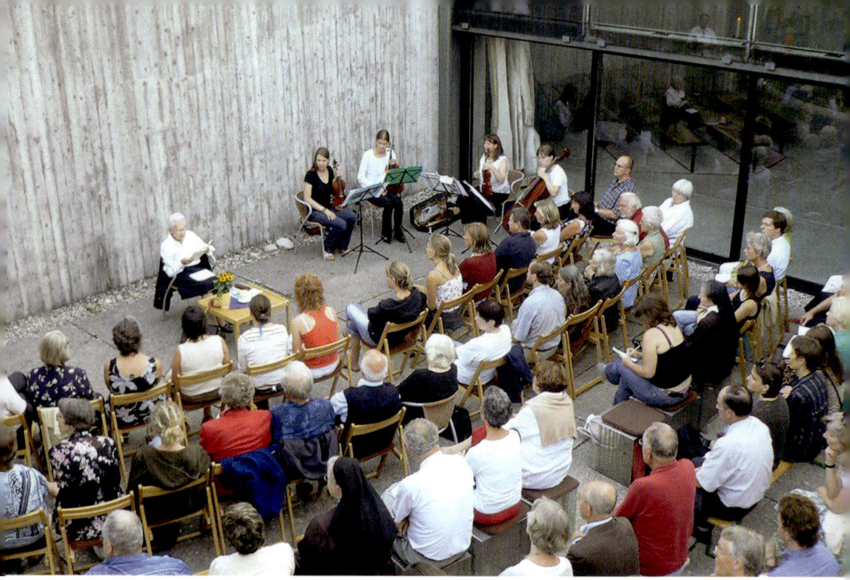

Die Widerstandskämpferin Marie-Luise Schultze-Jahn (Weiße Rose-Nachfolgegruppe) bei einer Lesung im Innenhof der Versöhnungskirche (18. Juli 2006)

wickelten sich zwischen Christen unterschiedlicher Konfessionen. So pflegte beispielsweise der evangelische Pfarrer Martin Niemöller sein ganzes Leben lang herzliche Verbindungen zu seinem katholischen Mithäftling Michael Höck.

Das Herrenwort aus dem Johannesevangelium »Alle sollen eins sein« gewann für viele eine ganz neue Bedeutung. Was auf der zwischenmenschlichen Ebene der Kameradschaft gelang, blieb im Blick auf gemeinsame Gottesdienste und eine Annäherung der Konfessionen doch im Stadium von zarten Anfängen. Eugen Weiler resümiert enttäuscht: »Aber es ging wohl über einige äußere Berührungspunkte nicht hinaus.« Dem Katholiken war das zu wenig: »Sollte das viele Blut, das geflossen ist in Dachau und anderswo, umsonst gewesen sein?«

Wie Weiler litten auch andere Christen im »Dritten Reich« besonders an der Spaltung der Christenheit. Für manche von ihnen wurde das »Alle sollen eins sein« – oft in der lateinischen Fassung »ut (omnes) unum sint« – geradezu zum Motto und Leitmotiv ihres ökumenischen Engagements. Manche Häftlinge des Pfarrerblocks wurden nach der Befreiung zu Wegbereitern der ökumenischen Bewegung innerhalb ihrer Kirchen.

Auch wenn es manche Schwierigkeiten gibt, wollen wir dem Vermächtnis des Pfarrerblocks treu bleiben. Bei diesem großen Auftrag zur Einheit lässt uns Christus aber nicht allein. Fürbittend tritt er bei seinem himmlischen Vater auch für uns ein, wenn er betet: »damit sie alle eins seien«, »damit die Welt erkenne, dass du [...] sie liebst, wie du mich liebst.« (Joh. 17,23)

Neben dem Gedenk- und Lernort ist die KZ-Gedenkstätte und sind dabei gerade die Kirchen auch ein Ort der Begegnung geworden – in mehrfacher Hinsicht:

Der Besucher, ob als Einzelner oder in einer Gruppe, begegnet hier nicht nur der Geschichte von 1933 bis 1945, er begegnet in erster Linie Geschichten von Menschen und ihren Schicksalen.

Oft begegnet der Besucher dabei sich selbst in einer neuen Weise, sei es, weil er auf den Spuren seiner Verwandten oder Vorfahren eines Teils seiner eigenen Geschichte gewahr wird, sei es, weil er etwas erfährt, was ihm bisher ganz unbekannt und fremd war, ja in seiner Unbegreiflichkeit als verstörend und beängstigend erlebt werden kann.

Und der Besucher begegnet dem Ort mit seinen authentischen Zeugnissen und unterschiedlichen Erinnerungs- und Mahnmalen – wie sie dieses Buch präsentiert.

In all dem begegnet der religiös und gar christlich geprägte Mensch der Frage nach dem Menschen überhaupt und der Frage nach Gott: Was ist der Mensch für den Menschen? Was ist er in den Augen Gottes? Wo war Gott, als all die Gräueltaten verübt wurden?

Diesen verschiedenen Dimensionen von Begegnung versuchen die Kirchen am Ort nachzukommen – und dabei ihrem Urauftrag in vielgestaltiger Weise zu entsprechen. Zu diesem Urauftrag der Kirche gehört die Erinnerung und das Gedenken an die Leiden von Verfolgten: die »memoria passionis« – die Erinnerung an die Passion Jesu bildet den historischen wie inhaltlichen Kern der Glaubensüberlieferung im christlichen Credo. Schon im Neuen Testament identifiziert sich Jesus mit allen Verfolgten, Unterdrückten und Gefangenen (Evangelium nach Matthäus 25,31–46). Die Erinnerung der Jünger an den Gekreuzigten, ihre Zusammenkunft im Gedächtnismahl an den (miterlebten) Tod Jesu und der Glaube, dass gerade durch diesen Tod seine Auferstehung und damit die Auferstehung aller begründet ist, hat zur Entstehung der Kirche geführt.

Seit 1964 schließt sich unmittelbar an das ehemalige Konzentrationslager – die heutige Gedenkstätte – der **Karmel Heilig Blut** an. Die Gründerin Mutter Maria Theresia hat die räumliche Nähe bewusst gewählt. Ging es ihr doch darum, an diesem Ort schrecklichen Unheils eine Stätte des Gebets, ein Zeichen der Hoffnung zu errichten, Sühne als ein Versöhnungsgeschehen zu verstehen durch die Hineinnahme vergangenen und gegenwärtigen Unheils in die Erlösungswirklichkeit Jesu Christi. Die Menschen können in der Kirche ihre persönlichen Anliegen und Nöte als Gebetsbitte an die Schwestern schriftlich weitergeben und ihre Eindrücke vom Besuch des Lagers von diesem Raum der Stille umfangen lassen.

Viele Menschen sind heute auf der Suche nach Kontemplation. Der Karmel kann mit seiner christlichen Tradition ein wichtiger Gesprächspartner in dieser geistlichen Herausforderung sein – durch Teilhabe an der Liturgie, durch Schriften, Gespräche und Meditationsnachmittage.

Mit seiner Gebetslehre und -praxis hat der Karmel einen spirituellen Weg der Kontemplation aufgezeigt, der auch heute noch viele Menschen anspricht. Mit Gott kann der Mensch in einem freundschaftlichen Umgang Zwiesprache halten, bei ihm verweilen oder sich in seine Gegenwart versenken, denn das persönliche, innere Gebet ist nichts anderes »als Umgang und vertraute Zwiesprache mit dem Freunde, von dem wir wissen, dass er uns liebt«, schreibt Teresa von Avila.

Als weiterer Ort der Meditation steht auch die **Versöhnungskirche** während der Öffnungszeiten der Gedenkstätte jedem Gast für Stille und Einkehr, aber auch Gruppen für selbstgestaltete Gottesdienste und Andachten zur Verfügung. Viele der Besucher aus aller Welt entzünden als Zeichen ihres Gedenkens eine Kerze und bringen ihre Eindrücke und Anliegen zu Papier. Meist ist eine Mitarbeiterin oder ein Mitarbeiter des Teams im Gesprächsraum ansprechbar.

In der von der Evangelischen Versöhnungskirche und der Katholischen Seelsorge verantworteten **Ökumenischen Besucherbegleitung** werden zahlreiche Menschen, überwiegend Jugendliche im Rahmen einer schulischen Veranstaltung oder aber im Zusammenhang mit der Vorbereitung auf die Firmung oder Konfirmation, von den Mitarbeitern mit der Geschichte dieses Ortes in

Berührung gebracht. Dabei geht es nicht nur um die Vermittlung historischer Fakten, sondern immer auch um die Frage nach dem Menschen und seinem Gewissen. In der Regel finden diese begleiteten Begehungen der Ausstellung und des Geländes der KZ-Gedenkstätte ihren Abschluss an einem der religiösen Gedenkorte.

Sowohl in den regelmäßigen **Gottesdiensten** (Karmel 9 Uhr, Versöhnungskirche 11 Uhr) als auch zu besonderen Gedenkanlässen werden immer wieder Einzelschicksale und geschichtliche Ereignisse aus dem Umfeld des KZ Dachau thematisiert und in konkreter Weise erinnert, u. a. auch in den monatlichen Andachten in der Todesangst-Christi-Kapelle oder im Kreuzweg, der jedes Jahr eine Woche vor dem Karfreitag auf dem Gelände der Gedenkstätte an spezifischen Stellen einzelne Erfahrungen von Gefangenen zur Sprache bringt.

In besonders eindringlicher Weise wird seit 1999 durch das Projekt »**Gedächtnisbuch für die Häftlinge des KZ Dachau**«, das von einem breiten Trägerkreis verantwortet wird, nicht nur die Erinnerung und das Andenken an Opfer des NS-Terrrors wachgerufen; vielmehr werden durch den speziellen Ansatz des Projektes vor allem junge Menschen dazu angeregt, sich mit der Zeitgeschichte zu befassen und sich beim Erstellen eines Gedächtnisblattes für je eine einzelne Person auch auf die Beschäftigung und Auseinandersetzung mit einem persönlichen Schicksal einzulassen. Nicht wenige der so Porträtierten erleben dabei eine späte Würdigung ihres Schicksals und Anerkennung ihrer Leiden. Die Gedächtnisblätter können an einem Lesetisch im Gesprächsraum der Versöhnungskirche eingesehen werden. Eine internationale Wanderausstellung mit dem Titel »Namen statt Nummern« zeigt eine Auswahl der Lebensbilder in mehreren Ländern.

Nicht nur, aber auch aus dem Kreis der Porträtierten dürfen wir immer wieder dankbar **Zeitzeugen** bei Veranstaltungen begrüßen und in Gesprächen mit Gruppen oder in erzählenden Beiträgen z. B. auch in ökumenischen Gedenkgottesdiensten hören, in denen sie authentisch von ihnen erlebte Situationen für nachgeborene Menschen schildern. Gerade durch diese Begegnungen wird die Wichtigkeit und die Bedeutung der Auseinandersetzung mit der Vergangenheit erlebbar und die Aufgabe sichtbar, die darin besteht, sich für Menschenwürde und Gerechtigkeit einzusetzen.

Eine eher stille Möglichkeit, unterschiedliche Themen, die sich im Zusammenhang mit verschiedenen Facetten der Gedenkarbeit ergeben, zu präsentieren, sind **Ausstellungen**, die im Gesprächsraum der Versöhnungskirche den Besuchern angeboten werden – freilich bieten auch diese oft die Gelegenheit, Gespräche zu beginnen und auch so wieder zur Begegnung beizutragen.

In der Versöhnungskirche und im ökumenischen Team arbeiten seit 1979 jeweils für ein Jahr zwei **Freiwillige** von **»Aktion Sühnezeichen Friedensdienste«** mit – einen Einblick in die Erfahrungen, die dabei gemacht werden können, ermöglicht der Bericht von Aleksandra Kozyra aus Polen, die 2005/2006 ihren Freiwilligendienst leistete:

»Die Versöhnungskirche war sozusagen mein ›Zuhause‹. Hier fand die wöchentliche Teambesprechung statt, hier machte ich Präsenzdienst und war für die Besucher da, die mir oft verschiedene Fragen stellten, sei es zu der Geschichte des Konzentrationslagers Dachau, zu den Ausstellungen, die im Gesprächsraum der Versöhnungskirche präsentiert wurden, zu dem hier ausgelegten ›Gedächtnisbuch für die Häftlinge des KZ Dachau‹ oder ganz direkt: ›Was macht die deutsche Regierung gegen Rassismus und Rechtsextremismus?‹ Hier half ich auch im Büro, bei Ausstellungen, Veranstaltungen und machte sonntags den Kirchnerdienst, bei dem ich sehr nette Leute aus der Gemeinde kennenlernte. Mit manchen von ihnen traf ich mich auch privat, manche von ihnen luden mich und den zweiten ASF-Freiwilligen, Ian Maloy aus Wales, zum Essen ein. Ein Mann aus der Gemeinde ist in Schweidnitz, dem heutigen Swidnica (Polen) geboren, und Bekanntschaft sowie Gespräche mit ihm waren ein gutes Gegengewicht zu den besonders in Bayern, auch in Dachau, tätigen und Forderungen stellenden Verbänden der sog. Vertriebenen.«

Begegnungen mit den Zeitzeugen, die Auseinandersetzung mit der Geschichte und den Geschichten führen unweigerlich auch immer wieder in die Gegenwart und zur Frage nach der Zukunft. Besonders bei den alljährlichen Feiern zum Befreiungstag wird das deutlich.

Bischof Wolfgang Huber hat in seiner Predigt zum 60. Jahrestag der Befreiung daran erinnert, dass es eigentlich »seit Jesu Tod nie wieder solche Opfer geben« sollte, und dass »die Erinnerung an

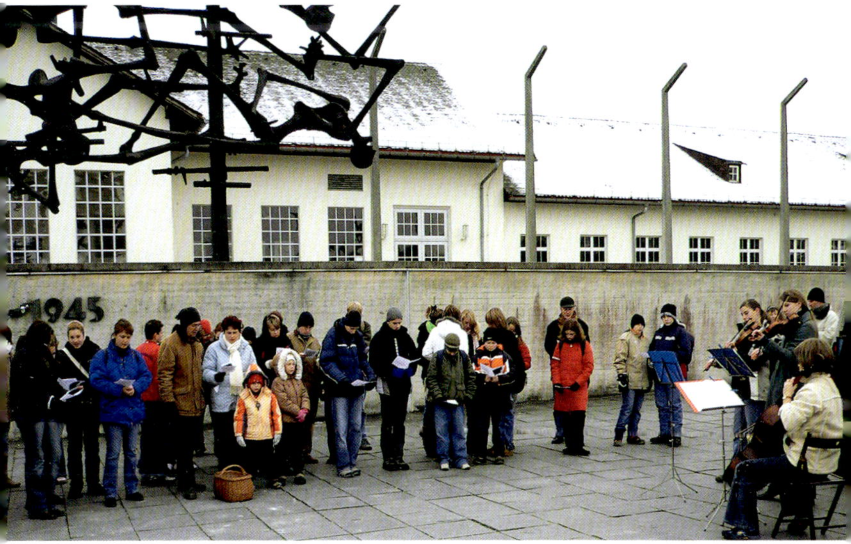

Ökumenisches Friedensgebet am Internationalen Mahnmal (20. November 2005)

diejenigen, die hier ihr Leben ließen, […] Scham in uns aufsteigen [lässt], über das, was damals geschah. Aber diese Erinnerung hilft uns auch dabei, Maßstäbe für unser eigenes Leben zu finden und unserer eigenen Schwäche zum Trotz an ihnen festzuhalten. […] Im Licht dessen, was hier geschah, können wir wissen, warum es wichtig ist, Gott allein die Ehre zu geben und den Nächsten zu lieben. […] Hier können wir immer wieder die Antwort auf die Frage buchstabieren, warum wir uns im Gebet an Gott wenden, warum wir Fremde aufnehmen, warum wir uns den schwächsten Gliedern unserer Gesellschaft zuwenden und warum wir uns der Erinnerung an vergangenes Unrecht stellen.«

Vielfach wird die Erinnerungsarbeit gemeinsam mit anderen Einrichtungen gestaltet: mit der KZ-Gedenkstätte und dem Internationalen Dachau-Komitee (CID), mit jüdischen Partnern und der orthodoxen Kirche, aber auch mit dem Jugendgästehaus Dachau und der jährlich im Sommer stattfindenden Internationalen Jugendbegegnung sowie bei anderen Gedenkveranstaltungen mit der Stadt

Dachau bzw. dem von ihr einberufenen Runden Tisch Zeitgeschichte. Eine inzwischen lange Tradition hat auch das vom Bund der deutschen katholischen Jugend und der Evangelischen Jugend München getragene ökumenische Friedensgebet im November.

Immer wieder lassen sich besondere Projekte verwirklichen, wie z. B. eine Gedenkveranstaltung für NS-Opfer aus dem Bereich des Fußballs, bei der Menschen erreicht werden, die – zumindest in diesem Zusammenhang – nicht ohne Weiteres für ein Gedenkanliegen zu gewinnen und für einen Einsatz gegen Rechtsextremismus zu sensibilisieren wären.

Auch die Teilnahme oder Mitwirkung bei Veranstaltungen zur kritischen Zeitgeschichtsforschung sind Bestandteil der Erinnerungs- und Versöhnungsarbeit, so beim jährlich tagenden »Dachauer Symposium zur Zeitgeschichte« oder aber auch beim Austausch mit anderen Gedenkstätten und Mitarbeiterinnen und Mitarbeitern, die an diesen im Auftrag der Kirchen tätig sind – oder in Kooperationen mit anderen Bildungsträgern wie z. B. der Evangelischen Stadtakademie München oder dem Kardinal-Döpfner-Haus in Freising.

Mit und neben den Gottesdiensten und geistlichen Angeboten sind es auch die thematischen und kulturellen Veranstaltungen in der Versöhnungskirche oder im Karmel, die deutlich machen, dass die Kirchen ihre Verantwortung für die Erinnerungsarbeit über Einzelpersonen oder Gruppen hinaus ernst nehmen und auch in die Öffentlichkeit hineinwirken.

All das will dazu beitragen, dass das Ziel, das auch das Leitwort des 2. Ökumenischen Kirchentages 2010 angibt, »damit ihr Hoffnung habt«, auf guten und realistischen Wegen angegangen werden kann. Die an der KZ-Gedenkstätte tätigen Mitarbeiter/innen der Kirchen laden jedenfalls herzlich dazu ein, auf diesen Wegen mitzugehen, mitzuwirken und nicht zuletzt mitzubeten. Zu all dem sind auch die religiösen Gedenkorte erdacht und erbaut worden.

Dr. Enikö Peter OCD
Priorin des
Karmel Heilig Blut

Dr. Björn Mensing
Pfarrer der
Evangelischen
Versöhnungskirche

Ludwig Schmidinger
Bischöflicher
Beauftragter für
KZ-Gedenkstättenarbeit

KZ-Gedenkstätte Dachau
Alte Römerstraße 75, D-85221 Dachau · Tel. 08131/66997-0
Öffnungszeiten: täglich von 9 bis 17 Uhr (Eintritt frei)
www.kz-gedenkstaette-dachau.de · info@kz-gedenkstaette-dachau.de

Evangelische Versöhnungskirche in der KZ-Gedenkstätte Dachau
Alte Römerstraße 87, D-85221 Dachau · Tel. 08131/13644
www.versoehnungskirche-dachau.de · info@versoehnungskirche-dachau.de

Jüdische Gedenkstätte
Träger: Landesverband der Israelitischen Kultusgemeinden in Bayern
Effnerstraße 68, D-81925 München · Tel. 089/989442
www.ikg-bayern.de · info@IKGL.de

Karmel Heilig Blut
Alte Römerstraße 91, D-85221 Dachau · Tel. 08131/21068
www.gedenkstaettenseelsorge.de/kloster/kloster.php ·
Karmel.Dachau@t-online.de

Katholische Seelsorge an der KZ-Gedenkstätte Dachau
Alte Römerstraße 75, D-85221 Dachau · Tel. 08131/321731
www.gedenkstaettenseelsorge.de · LSchmidinger@eomuc.de

Orthodoxe Christi-Auferstehungs-Gedachtniskapelle
Gemeinde der Russisch-Orthodoxen Kirche in Deutschland
Berliner Diözese des Moskauer Patriarchats
Pfarrer Nikolai Zabelitch, Glyzinenstraße 38, D-80935 München
Tel. 089/3515742 · www.voskresenie.de

Weitere wichtige Adressen

Dachauer Forum e. V. [u. a. Besucherbetreuung in der Gedenkstätte]:
www.dachauer-forum.de

Förderverein für Internationale Jugendbegegnung und Gedenkstättenarbeit in Dachau e. V.: www.foerderverein-dachau.de

Gedächtnisbuch für die Häftlinge des KZ Dachau: www.gedaechtnisbuch.org

Internationales Jugendgästehaus Dachau: www.jgh-dachau.de

Stadt Dachau: www.dachau.de

Verein »Zum Beispiel Dachau«: www.zbdachau.de

Geschichte des Konzentrationslagers Dachau

Benz, Wolfgang / Distel, Barbara (Hrsg.): Der Ort des Terrors. Geschichte der nationalsozialistischen Konzentrationslager, Bd. 2: Frühe Lager, Dachau, Emslandlager, München 2005

Distel, Barbara [u.a.] (Bearb.): Konzentrationslager Dachau 1933 bis 1945, Text- und Bilddokumente zur Ausstellung, München 2005

»Zweite« Geschichte des Lagers Dachau (1945 bis heute)

Hoffmann, Detlef: Dachau, in: Ders. (Hrsg.): Das Gedächtnis der Dinge, KZ-Relikte und KZ-Denkmäler 1945–1995, Frankfurt am Main/New York 1998, S. 36–91

Hoffmann-Curtius, Kathrin: Memorials for the Dachau Concentration Camp, in: Oxford Art Journal, 21, 1998, Heft 2, S. 21–44

Marcuse, Harold: Legacies of Dachau. The Uses and Abuses of a Concentration Camp, 1933–2001, Cambridge 2001 [Standardwerk; Kurzfassungen in: Dachauer Hefte, 6, 1990, S. 182–205, sowie in: Benz, Wolfgang / Königseder, Angelika (Hrsg.): Das Konzentrationslager Dachau. Geschichte und Wirkung nationalsozialistischer Repression, Berlin 2008, S. 163–180]

Eschebach, Insa: Öffentliches Gedenken. Deutsche Erinnerungskulturen seit der Weimarer Republik, Frankfurt am Main/New York 2005

Gerhardus, Sabine / Mensing, Björn (Hrsg.): Namen statt Nummern. Dachauer Lebensbilder und Erinnerungsarbeit, Leipzig 2007

Endlich, Stefanie: Orte des Erinnerns – Mahnmale und Gedenkstätten, in: Reichel, Peter / Schmid, Harald / Steinbach, Peter (Hrsg.): Der Nationalsozialismus – die zweite Geschichte, München 2009, S. 350–377

Riedle, Andrea / Schretter, Lukas (Hrsg.): Das Internationale Mahnmal von Nandor Glid. Idee, Wettbewerbe, Realisierung / The International Monument by Nandor Glid. Idea, Competitions, Realization, Berlin 2015

Einzelne religiöse Erinnerungsorte in der Gedenkstätte Dachau

Neuhäusler, Johannes: Carmel »Heilig Blut« (Precious Blood) Dachau, München 1965

Schmidt, Doris: Der Karmel Heilig Blut Dachau. Eine moderne Klosteranlage, in: Das Münster, 18, 1965, Heft 7/8, S. 231–238

Die Evangelische Versöhnungskirche im ehem. Konzentrationslager Dachau, in: Kunst und Kirche, 31, 1968, Heft 2, S. 50–65

Schwarz, Stefan: Die jüdische Gedenkstätte in Dachau, München 1972

Josef Wiedemann. Bauten und Projekte. Kat. Ausst., München 1981

Bredow, Jürgen / Lerch, Helmut: Materialien zum Werk des Architekten Otto Bartning, Darmstadt 1983

Flagge, Ingeborg (Red.): Helmut Striffler. Licht, Raum, Kunst. Eine Ortsbestimmung, Kat. Ausst., Mainz 1987

Pfister, Peter: Zeuge der Wahrheit. Johannes Neuhäusler, Dachau 1988

Remmlinger, Sophie / Hofmann, Klaus (Hrsg.): Hermann Zvi Guttmann. Vom Tempel zum Gemeindezentrum, Frankfurt am Main 1989

Schmitt, Veronika Elisabeth: Karmel – Weg in Innenräume, Würzburg 1994

Ullmann, Gerhard: Tatorte, Gedenkorte. Versöhnungskirche, Dachau, in: Dechau, Wilfried (Hrsg.): … in die Jahre gekommen, Teil 3, Stuttgart 1998, S. 89–94

Flagge, Ingeborg (Hrsg.): Helmut Striffler Architekt, Fotograf Robert Häusser, Kat. Ausst., Hamburg 2002

Kohnert, Frauke: 50 Jahre Otto-Bartning-Kirchenprogramm, Geeste [2]2003

Richardi, Hans-Günter: Die Gründungsgeschichte der Dachauer Gnadenkirche im Wohnlager Dachau-Ost, in: Amperland, 41, 2005, Heft 1, S. 1–5

Seeger, Hans-Karl / Latzel, Gabriele: Der Dachau-Altar in der Lagerkapelle des Konzentrationslagers, Emmerich 2005

Backmeister-Collacott, Ilka: Josef Wiedemann. Leben und Werk eines Münchner Architekten 1910–2001, Diss. München 2005, Tübingen 2006

Schultze, Harald: Märtyrerdebatten in der Evangelischen Kirche in Deutschland (EKD) zwischen 1945 und 2000, in: Kirchliches Jahrbuch, 133, 2006, S. 217–274

Blundell Jones, Peter / Canniffe, Eamonn: Modern Architecture Through Case Studies, 1945–1990, Amsterdam [u.a.] 2007, S. 89–100

Durth, Werner: Transformation der Erinnerung, in: Kramm, Rüdiger / Schalk, Tilmann: Sichtbeton. Betrachtungen, Düsseldorf 2007, S. 37–44

Stock, Wolfgang Jean (Hrsg.): Gegen das Vergessen – Kunst und Geschichte, Kat. Ausst., München 2007

Kappel, Kai / Müller, Matthias / Janson, Felicitas (Hrsg.): Moderne Kirchenbauten als Erinnerungsräume und Gedächtnisorte, Regensburg 2010 (Beiträge von Björn Mensing und Helmut Striffler zur Versöhnungskirche)

Konsultierte Archive

Archiv des Erzbistums München und Freising
(Nachlass Faulhaber, Überlieferung des Generalvikariats)

Archiv der KZ-Gedenkstätte Dachau

Archiv der Versöhnungskirche Dachau

Sammlung des Architekturmuseums der TU München (Nachlass Wiedemann)

Abbildung vordere Umschlagseite außen: Versöhnungskirche in der KZ-Gedenkstätte Dachau, Zugangsbereich und Tor

Vordere Umschlagseite innen: Luftaufnahme der religiösen Erinnerungsorte im Norden der Gedenkstätte Dachau (2009)

DKV-Edition
Religiöse Erinnerungsorte in der KZ-Gedenkstätte Dachau

AUF DEM WEG München 2010
2. Ökumenischer Kirchentag

Diese Publikation wurde unterstützt von der Evangelisch-Lutherischen Kirche in Bayern, Projektmittel »Auf dem Weg zum 2. Ökumenischen Kirchentag 2010« und vom Verein Ausstellungshaus für christliche Kunst e. V.

Abbildungsnachweis:
Sämtliche Abbildungen von Kai Kappel, Berlin (2007, 2009 und 2012) mit Ausnahme von
vordere Umschlagseite innen, Seite 23, 25: © www.Luftbild-Bertram.de
Seite 14 (Foto Jean Brichaux), 16, 18: Archiv der KZ-Gedenkstätte Dachau
Seite 20: Archiv der Evang. Gnadenkirche Dachau-Ost
Seite 39, 47 (Foto Erika Drave): Architekturmuseum der TU München
Seite 50: Archiv Prof. Helmut Striffler, Mannheim
Seite 83, 86, 91: Archiv Versöhnungskirche, Dachau
Seite 85: Sammlung Renée Lacoude, Bordeaux
hintere Umschlagseite innen: Ludwig Schmidinger, Dachau

Seite 63: © VG Bild-Kunst, Bonn 2016

Lektorat: Margret Woitynek und Edgar Endl
Layout und Herstellung: Edgar Endl
Reproduktion: Lanarepro, Lana (Südtirol)
Druck und Bindung: F&W Mediencenter, Kienberg

Bibliografische Information der Deutschen Nationalbibliothek
Die Deutsche Nationalbibliothek verzeichnet diese Publikation in der Deutschen Nationalbibliografie; detaillierte bibliografische Daten sind im Internet über http://dnb.d-nb.de abrufbar

2., durchgesehene Auflage
ISBN 978-3-422-02237-9